Neue Studierendengeneration, neue Herausforderungen

Fachübergreifende
Modelle
Module
Maßnahmen

Eine Dokumentation
der Fachtagung der Studierendenakademie der
Heinrich-Heine-Universität Düsseldorf

Holger Ehlert (Hrsg.)

Unter Mitwirkung von
Christian Lentz

d|u|p
düsseldorf university press

Bibliografische Information der Deutschen Nationalbibliothek
Die Deutsche Nationalbibliothek verzeichnet diese Publikation
in der Deutschen Nationalbibliografie; detaillierte bibliografische
Daten sind im Internet über http://dnb.dnb.de abrufbar.

© düsseldorf university press
Düsseldorf 2017
http://www.dupress.de
Umschlag, Satz und Layout: Thomassen Design
Herstellung: docupoint GmbH, Barleben
ISBN 978-3-95758-054-2

Inhalt

Vorwort 6

Eröffnungsrede
Über das Fach hinaus …
Georg Pretzler 10

Kapitel I
Über Impulse hinaus …
Vorträge

1. Wie „ticken" Studierende der Generation Z?
   Christian Scholz 15
2. Aktuelle Herausforderungen und Zukunft der Vermittlung
   von Schlüsselkompetenzen
   Gardenia Alonso 27
3. Das „MenteeModul" der Studierendenakademie
   der Heinrich-Heine-Universität Düsseldorf
   Holger Ehlert 47

Kapitel II
Über die Erwartungen hinaus …
Panels

1. Panelprogramm 58
2. Die Panels
2.1 Wissenschaft nur noch auf Englisch?
    Plädoyer für die Mehrsprachigkeit von Wissenschaft
    Bernd F. W. Springer 61
2.2 Man kann nicht nicht kommunizieren – aber falsch. Was Kompetenz
    bei Kommunikation bedeutet und wie man sie vermittelt
    Ulf Boes 70

2.3 Mehr als nur Sprachunterricht! – Welche (weiteren) Schlüsselkompetenzen vermitteln wir im Fremdsprachenunterricht?
Gardenia Alonso / Johann Fischer 82

2.4 Praxis- und Berufsorientierung an Hochschulen (Panel I und II)
Dominique Brasseur / Holger Ehlert 94

2.5 Selbstpräsentation im Web 2.0 – welche Schlüsselqualifikationen sind hier wichtig?
Elke Muddemann-Pulla 97

2.6 Ohne Kulturwissenschaften kein Europa. Vom Nutzen sprachlich-kulturellen Wissens für die Verständigung mit unseren Nachbarn
Bernd F. W. Springer 105

2.7 Handlungs- und Kompetenzorientierung im Bereich des Lehrens, Lernens und Überprüfens von Fremdsprachenkompetenzen?
Gardenia Alonso / Johann Fischer 115

2.8 Kompetenzbedarf beim Übergang von der Hochschule in den Beruf
Sabine Klüner 140

2.9 Überfachliche Angebote in der Hochschulstruktur
Nathalie Böddicker / Simone Kroschel 148

Kapitel III
Über das Wort hinaus …
Tagungsimpressionen 158

Kapitel IV
Über die Lehrendenperspektive hinaus …
Studentische Ansichten

1. *Fabian Schröer* (Studierendenparlament) 161
2. *Benjamin Bartels* (AStA) 166
3. *Jessica Schäfers* (Hochschulradio) 170
4. *Christian Lentz* (Studierendenakademie) 172

Kapitel V
Über fünf Jahre hinaus ...
Die Studierendenakademie der Heinrich-Heine-Universität Düsseldorf

1. Die Studierendenakademie
   Nina Leibinnes 180
2. Die Abteilungen der Studierendenakademie
2.1 Career Service
   Ilke Kaymak 183
2.2 Studiengebiet Deutsch als Fremdsprache
   Peter Hachenberg 185
2.3 KUBUS / Praxis- und Berufsorientierung
   Dominique Brasseur 188
2.4 Sprachenzentrum
   Claudia Boes 193
2.5 Zentrum Studium Universale
   Christoph auf der Horst 195

Kapitel VI
Über die Theorie hinaus ...
Zwei tagungsbegleitende Beispiele praxis- und berufsorientierender Seminare der Studierendenakademie

1. Projektintegrierte studentische Praxis- und Berufsorientierung
   Dominique Brasseur 202
2. Tagungsbegleitende studentische Filmproduktion
   Klaus Bergner 205

Kapitel VII
Über den Namen hinaus ...

1. Autorinnen und Autoren 213
2. Abbildungsverzeichnis 221

Vorwort

„Über das Fach hinaus … Neue Studierendengeneration, neue Herausforderungen" lautete der Titel der diesem Tagungsband im Sommersemester 2016 vorausgegangenen Konferenz. Experten und Interessierte aus 31 Institutionen und Hochschulen waren der Einladung seitens der Studierendenakademie der Heinrich-Heine-Universität Düsseldorf in das Haus der Universität gefolgt.[1] Mit dem Fokus auf Fragenkomplexe bezüglich der aktuellen Studierendengeneration und auf die neuen Anforderungen, die sich insbesondere für überfachliche Angebote an Hochschulen ergeben – ob in den Handlungsfeldern der Sprachen, der Berufsorientierung, der Vermittlung von breiter Bildung und Schlüsselkompetenzen oder bei den Angeboten von Career Services – arbeiteten und diskutierten zahlreiche Lehrende und Lernende und Bildungsmanagerinnen und -manager zwei Tage gemeinsam in zwölf verschiedenen Panels und den täglichen Plena.

Eingeleitet wird diese Dokumentation durch den programmatischen Beitrag von Herrn Prof. Dr. Georg Pretzler, Leiter der Studierendenakademie. Dieser fußt auf seiner Eröffnungsrede zur Konferenz und informiert unter anderem über die institutionelle Ausgestaltung und konzeptionelle Ausrichtung des Tagungsveranstalters.[2]

Herr Prof. Dr. Christian Scholz eröffnete mit seinem Vortrag zur Generation Z den ersten Tagungsblock. Es existiert aktuell eine neue Studierendengeneration und diese steht – und stellt uns alle – vor neue(n) Herausforderungen, so das Fazit seines interessanten und anregenden Beitrages unter der zentralen thematischen Fragestellung „Wie ticken die Studierenden von heute?"

Frau Prof. Gardenia Alonso führte sehr gelungen in den zweiten Tagungstag und -teil mit ihrem Vortrag zu den „aktuellen Herausforderungen und der Zukunft der Vermittlung von Schlüsselkompetenzen" ein. Sie konstatiert in ihrem Beitrag, dass der Arbeitsmarkt bestimmte Schlüsselkompetenzen von Graduierten einfordere und es in der Verantwortung der Hochschulen liege, entsprechende Bildungsangebote für Studierende anzubieten. Frau Prof. Alonso

---
1 „Über das Fach hinaus … Neue Studierendengeneration, neue Herausforderungen." Tagung der Studierendenakademie der Heinrich-Heine-Universität Düsseldorf, 01.–02. Juli 2016. Haus der Universität (Siehe auch: www.studierendenakademie.hhu.de/ueber-das-fach-hinaus).
2 Im Anschluss an alle Vorträge entwickelten sich unter den Tagungsteilnehmern und -teilnehmerinnen jeweils sehr interessante und engagierte Diskussionen.

regt insbesondere vor der Folie der Internationalisierung an, diesbezüglich einen Blick über den eigenen, nationalen Tellerrand hinauszuwerfen. Ausgehend von den Bedarfen der Studierenden, den Hochschulen und der Wirtschaft werden Best-Practice-Fälle sowie Modelle und Methoden im Rahmen der Schlüsselkompetenzvermittlung beleuchtet und Perspektiven diskutiert.

Einen Werkstattbericht über das Pilotprojekt „MenteeModul" der Studierendenakademie, das auf die mittlere Studienphase von Bachelorstudierenden ausgerichtet ist, präsentierte Holger Ehlert in seinem Vortrag. Das kreditierte, dreigliedrige Modul – angesiedelt im Wahlbereich – soll die Studierenden auf ihrem Weg zu einem guten Studienabschluss fördern und ihnen Entwicklungsmöglichkeiten auch für die Zeit nach dem Studium vermitteln. Es orientiert und qualifiziert die Studierenden ausgerichtet an deren persönlichen Schwerpunktsetzungen und schließt mit der Entwicklung konkreter individueller Zukunftsstrategien ab.

Neben einer Übersicht mit Kurzbeschreibungen zu allen Tagungspanels werden in Kapitel II auch die entsprechenden Leitfragen und Arbeitsergebnisse durch die jeweiligen Expertinnen und Experten dokumentiert.

Im nachfolgenden Kapitel folgt der Versuch, die inhaltlich facettenreiche und atmosphärisch angenehme Fachkonferenz durch ein kleines Potpourri von Tagungsimpressionen auch visuell widerzuspiegeln.

Eine Konferenz und eine Dokumentation derselben, die die neue Studierendengeneration in das Zentrum des Interesses und der Auseinandersetzung stellt, muss diese auch selbst zu Wort kommen lassen. Vier in unterschiedlichen Bereichen der Heine-Universität engagierte Studierende reflektieren in ihren Beiträgen im vierten Kapitel daher die Veranstaltung aus ihrer studentischen Perspektive heraus.

Im fünften Kapitel referiert die Tagungskoordinatorin und ehemalige Geschäftsführerin der Studierendenakademie, Frau Dr. Nina Leibinnes, über die Historie und Konzeption dieser zentralen wissenschaftlichen Einrichtung, die die überfachlichen Angebote der HHUD unter ihrem Dach bündelt, bevor die fünf Bereiche der Akademie durch die jeweiligen Abteilungsleiterinnen und -leiter vorgestellt werden.

Vorwort

Die gesamte Konferenz wurde durch zwei Workshops der Studierendenakademie („Fernsehjournalismus" und „Crossmedia-Journalismus") zur Praxis- und Berufsorientierung von Studierenden journalistisch begleitet. Frau Dominique Brasseur, heutige Geschäftsführerin der Studierendenakademie und Leiterin der Abteilung KUBUS, referiert in ihrem Beitrag in Kapitel VI zunächst dieses bewährte Modell projektintegrierter studentischer Praxis- und Berufsorientierung. Herr Dr. Klaus Bergner, Filmemacher und Autor, berichtet als verantwortlicher Dozent anschließend über die Durchführung des studentischen Filmprojektes im Rahmen der Konferenz.

Zusammen mit dem studentischen Filmprojekt zur Generation Z ist unter der Leitung des Vorsitzenden des Düsseldorfer Hochschulradios, Herrn Andreas Meske, auch ein Radiobeitrag und ein informativer Blog aus diesen Workshops hervorgegangen.[3]

Das Autorinnen- und Autorenverzeichnis beschließt im siebten Kapitel diesen Tagungsband, bei dessen Organisation sich im Wesentlichen an der Dramaturgie der Konferenz selbst orientiert und nur zum Zwecke des besseren Leseverständnisses die ein oder andere Umstellung von Texten vorgenommen wurde.[4] Stets entspricht es der Teleologie einer jeden Tagungsdokumentation, möglichst zeitnah jene zwischen zwei Buchdeckeln auch zu veröffentlichen. Zumindest innerhalb des statistischen Mittels in dieser Hinsicht braucht sich diese Publikation sicher nicht zu verstecken, auch wenn Anspruch und Engagement nicht mit dem selbst gesteckten Anspruch in Einklang stehen.

An erster Stelle und in ganz besonderem Maße danke ich allen Autorinnen und Autoren, die mit ihren Texten in diesem Buch vertreten sind.

Den geschätzten Kolleginnen und Kollegen der Düsseldorfer Studierendenakademie, sowie insbesondere deren Leiter, Herrn Prof. Dr. Georg Pretzler, danke ich sehr für das Vertrauen und die vielfältige Unterstützung.

---

3 Siehe unter: https://ueber-das-fach-hinaus.de.
4 Das komplette Tagungsprogramm ist unter: http://www.studierendenakademie.hhu.de/fileadmin/redaktion/Oeffentliche_Medien/Studierendenakademie/Programmflyer_Tagung_Studierendenakademie_1._und_2._Juli_2016.pdf einsehbar.

Frau Vanessa Mittmann, Frau Eleonore Michel und Herrn Andreas Meske gebührt besonderer Dank für hunderte von Tagungsfotos, von denen leider nur eine kleine Auswahl ihren Weg in diese Publikation finden konnte.

Ein außerordentlich herzlicher und umfassender Dank ist an Herrn Christian Lentz zu richten, ohne dessen überaus engagierte und kompetente Mitarbeit diese Publikation in dieser Form nicht realisierbar gewesen wäre.

Für die sehr angenehme, professionelle und verständnisvolle Betreuung durch den Düsseldorfer Universitätsverlag danke ich besonders Frau Dr. des. Anne Sokoll, Frau Sonja Seippel M. A. und Herrn Prof. Dr. Hans Süssmuth. Abschließend gebührt großer Dank Herrn Norbert Thomassen für die gelungene Gestaltung des Buches.

Holger Ehlert

Eröffnungsrede

Georg Pretzler
Über das Fach hinaus ...

Die Heinrich-Heine-Universität Düsseldorf besteht seit gut 50 Jahren und ist mit fünf Fakultäten und gut 30.000 Studierenden eine mittelgroße Volluniversität. Die Studierendenzahl hat sich in den letzten Jahren fast verdoppelt, mit allen Schwierigkeiten, die ein solcher Zuwachs mit sich bringt.

Als Ende 2012 an der Heinrich-Heine-Universität Düsseldorf eine neue zentrale Einrichtung gegründet wurde, die den sperrigen Namen „Studierendenakademie" trägt, wurde damit ein Zeichen gesetzt: Die Studierendenakademie fasst wesentliche Aktivitäten für die überfachliche Bildung unserer Studierenden zusammen und die Bündelung in einer Institution signalisiert, dass dies als Kernaufgabe der Universität wahrgenommen wird. Wie hier bei uns wurde und wird das an vielen anderen Universitäten gesehen und gehandhabt, mit zum Teil viel größerer Ausstattung an Personal, Räumlichkeiten und Finanzen als in Düsseldorf: Ein modernes akademisches Lehrkonzept muss wichtige Komponenten außerhalb der eigentlichen Fächer enthalten, und die effektive und sichtbare Organisation gerade dieser Komponenten kann ein wertvolles Aushängeschild einer Universität sein.

Seit der Gründung unserer Institution haben wir uns in Düsseldorf intensiv mit der Ausgestaltung unserer Lehrbereiche beschäftigt. Bei uns sind das konkret das Studium Universale, die Deutsch- und Fremdsprachenangebote und eine Vielzahl an Aktivitäten in Richtung Berufswelt. Wie lassen sich diese Themenbereiche zeitgemäß weiterentwickeln, attraktiv für unsere Studierenden, mit dem nachgefragten großen Volumen und doch gleichzeitig ressourcensparend und effizient? Mit ähnlichen Fragen beschäftigen sich die Fachkollegen an allen Universitäten in Deutschland und so sind wir dankbar, dass viele unserer Einladung gefolgt sind, im Juli 2016 zur Konferenz „Über das Fach hinaus ... Neue Studierendengeneration, neue Herausforderungen" nach Düsseldorf zu kommen.

Das globale Ziel dieser Tagung war es, die Gegenwart und Zukunft der überfachlichen Angebote an Universitäten und Hochschulen zu beleuchten und mit Experten und Akteuren gemeinsam zu diskutieren. Es ging uns also um eine Standortbestimmung für diese Angebote, was Inhalt, Volumen und Methoden betrifft, und um das Formulieren und Diskutieren neuer Ideen und Konzepte, aber auch um grundlegende Fragen zum Selbstverständnis und zur Verortung.

Wann immer man mit der Organisation und Planung und Weiterentwicklung überfachlicher Angebote zu tun hat, stößt man unweigerlich auf eine Reihe von Fragen und Problemen, mit denen sich die Tagung im Detail beschäftigt hat. Hier drei wichtige Themengebiete:

Erstens: Alle Akteure kennen die Frage nach der grundsätzlichen Notwendigkeit überfachlicher Aktivitäten, nach dem richtigen Volumen, nach dem Stellenwert innerhalb der Studiengänge und so weiter. Immer wieder machen wir die Erfahrung, besonders angesichts immer neuer Sparzwänge, dass wir unter hohem Rechtfertigungsdruck stehen und die Sinnhaftigkeit und das Volumen unserer Angebote verteidigen müssen. Wir alle kennen Ansagen wie: „In solchen Zeiten müssen wir uns auf das Kerngeschäft konzentrieren" und hören, dass „Angebote, die ‚nice to have' sind, eben leider kürzer treten müssen". Immer wieder fühlt man ganz deutlich, dass wir zwischen Humboldt und *Employability* stehen, zwischen akademischem Selbstbewusstsein und Massenuniversität. All dies verlangt deutlicher denn je, dass unsere Studierenden mehr erfahren als nur Fachwissen – und genau das ist unsere Aufgabe und Mission. Man macht es uns nicht leicht: Immer wieder stoße ich in meiner Funktion auf Unverständnis, Vorbehalte und den Willen zum Kürzen, Streichen, Abschaffen und dies trotz des Bologna-Prozesses, vieler KMK-Beschlüsse, unzähliger Forschungsergebnisse und auch entgegen dem akademischen Selbstverständnis vieler Kollegen, das auf Breite ausgelegt ist.

Ein Ziel der Tagung war es also, Argumente auszutauschen für die Unentbehrlichkeit der überfachlichen Lehre, *Best-Practice-Beispiele* zu verbreiten und aus den Gemeinsamkeiten an Sicherheit zu gewinnen, dass wir auf dem richtigen Weg sind.

Georg Pretzler

Zweitens: Immer wieder stellt sich die Frage nach neuen Methoden, Konzepten, Inhalten und Organisationsformen. Klar, wir alle evaluieren unser Angebot und ziehen daraus unsere Konsequenzen – doch darauf dürfen wir uns nicht ausruhen, sondern müssen ständig Ausschau halten und innovativ und auch mutig sein. Brauchen wir überhaupt noch viele Fremdsprachen, oder reicht nicht vielleicht Englisch? Welche neuen Fähigkeiten sind gefragt? Neue Kommunikationsmuster, interkulturelle Kompetenzen und ganz allgemein Diversität? Und wie vermittelt man all dies auf moderne Art? Die Tagung als überregionales Treffen der Akteure war als Forum für Diskussionen dieser Art angelegt.

Und drittens, schon im Titel angeführt, die Frage nach unseren „Kunden", den Studierenden. Was brauchen sie, was hilft ihnen weiter? Welche Inhalte und welcher Stil sind notwendig, damit sie maximal profitieren? Dieser Fragenkomplex ist deshalb besonders spannend, weil sich die Studierendenschaft im Ganzen kontinuierlich verändert. Ich selbst weiß aus der Lehrpraxis in meinem Fach Physik, dass die heutige Generation eine Reihe an Fähigkeiten und Kenntnissen mit sich bringt, die man noch vor zehn Jahren überhaupt nicht voraussetzen konnte – doch dafür fehlen Fertigkeiten, die früher selbstverständlich waren. Viel weitergehend ist die Erkenntnis, dass sich nicht nur das Vorwissen, sondern die gesamte Lebenseinstellung der Studierenden verändert. Stichworte dazu sind der Umgang mit Ehrgeiz, die Wertigkeiten innerhalb der *Work-Life-Balance* und ganz allgemein die Prioritäten, die gesetzt werden. All dies birgt eine Reihe von Chancen, wenn wir die Veränderungen gemeinsam erkennen und richtig reagieren.

Nach einer intensiven und fruchtbaren Tagung liegt hier nun der Tagungsband vor, in dem wichtige Kernthesen zusammengefasst sind. Ich freue mich sehr, dass es gelungen ist, diesen Band als Statusbestimmung und Wegweiser zur Verfügung zu stellen. Mein Dank geht an dieser Stelle an Herrn Holger Ehlert und Herrn Christian Lentz, die dieses Buch zusammengestellt und herausgegeben haben. Ganz besonderer Dank außerdem an Frau Dr. Leibinnes für die Organisation der Konferenz. Mein Dank geht auch an alle Teilnehmerinnen und Teilnehmer der Tagung für ihre engagierten Beiträge. Ich hoffe, dass Sie alle so wie wir von den hier vorliegenden schriftlichen Resultaten profitieren werden.

Univ.-Prof. Dr. Georg Pretzler

Kapitel I
Über Impulse hinaus …

Vorträge

Vortrag

Christian Scholz[1]
Wie „ticken" Studierende der Generation Z?

Studierende an Universitäten folgen dem Typ „Generation Z", während unser Hochschulsystem auf die Generation Y ausgerichtet ist. Dementsprechend müssten wir umdenken, ein Prozess, der sich nicht nur als emotional unangenehm, sondern auch konzeptionell als schwierig herausstellt: Denn zum einen müssen wir unbedingt einigen (berechtigten) Wünschen der Generation Z nachgeben, zum anderen aber sollten wir in Wahrnehmung unseres Bildungsauftrages in einigen Punkten dagegen steuern.

Akzeptieren: Sie sind anders

Natürlich sind wir alle mehr oder weniger erprobt im Umgang mit Studierenden. Trotzdem beschleicht uns manchmal das Gefühl, irgendetwas könnte anders geworden sein. Ohne es exakt artikulieren zu können, spüren wir eine sich materialisierende Wandlung. Manchmal sind es nur Kleinigkeiten: Bestimmte Rituale greifen nicht mehr. Trotzdem werden wir den Verdacht nicht los, dass aus Vertrautem Unbekanntes geworden sein könnte und Übergänge nicht immer nur graduell auftreten: Manchmal prallen sie sogar als Diskontinuität ungebremst auf uns.

Im ungünstigsten Fall ignorieren wir das Phänomen „Generation Z" und vertrauen unserer Erfahrung, aufgrund derer wir, wie in der Vergangenheit, auch mit dieser Situation zurechtkommen werden. Oder wir diagnostizieren

---

[1] Univ.-Prof. Dr. Christian Scholz (scholz@orga.uni-sb.de) wurde 1986 an die Universität des Saarlandes berufen. Er publiziert in wissenschaftlichen Zeitschriften, schreibt aber auch Kolumnen in Zeitungen und bloggt seit 2006 als „Per Anhalter durch die Arbeitswelt". Er ist Gründungsdirektor des MBA-Programms im Europa-Institut an der Universität des Saarlandes. Zu seinen wichtigsten Arbeiten zählen die Trendstudie zum Darwiportunismus (2003) sowie zur „Generation Z" (2014): Diese nach 1990 Geborenen sind neben der digitalen Transformation der Wirtschaft aktuell sein zentrales Interessengebiet.

beruhigenderweise überhaupt keinen Unterschied zu früher und sehen die aktuell vor uns sitzenden Studierenden als eine Gruppe von Menschen wie jede andere aus den letzten Jahrzehnten. Diesen ungünstigen Fall wollen wir aber nicht weiter vertiefen, weil er niemanden weiterbringt.

Im günstigsten Fall werden wir etwas verunsichert: Das ist positiv, weil wir hierdurch nachdenken und akzeptieren, dass sich etwas verändert hat und deshalb auch wir etwas anders machen müssen.

Wir gehen also davon aus, dass wir Veränderungen akzeptieren, wobei ein mögliches Erklärungsmuster im Konzept der „Generationen" liegt: Unter „Generation" versteht man vor allem in der Soziologie sowie in der Betriebswirtschaftslehre eine altersmäßig zusammenhängende Gruppe von Menschen, die durch äußere Umstände weitgehend ähnlich geprägt wird.
Solche Einflüsse sind beispielsweise die wirtschaftliche Lage, besondere Ereignisse und Personen sowie strukturverändernde Technologien. Sie führen zu einem gemeinsamen Normen- und Wertesystem, das Verhalten prägt.

Natürlich ist das Generationenkonzept nur ein Grundmuster, von dem Individuen abweichen können. Und auch die zeitlichen Grenzen werden nicht scharf durch das Geburtsdatum determiniert. Trotzdem liefert uns dieses Konzept wichtige Impulse: So ersetzt es den Irrglauben „junge Menschen sind und waren immer gleich" durch das Bemühen zu erkennen, wo und warum die jungen Menschen heute anders denken und handeln als beispielsweise junge Menschen vor 15 Jahren.

Verstehen: Vielfalt erkennen

Aktuell unterscheidet man in Nachfolge der „Silent Generation" als Kriegsgeneration vier Generationen:[2]

Die „Babyboomer" beginnen ab 1950, teilweise noch etwas früher. Diese Generation lässt sich charakterisieren durch Technologie (wie der Massenverbreitung des Fernsehens), Politik (wie Vietnam-Krieg, Franz Josef Strauß vs. Willy Brandt), Musik (wie Woodstock vs. ZDF-Hitparade, Beatles vs. Rolling

---

2   Vgl. z. B. McCrindle Research 2010; Scholz 2014.

Stones) und der Ideologie einer gewissen Weltverbesserung. Im Hochschulsystem war dies die einzige Zeit in Deutschland, in der auf der einen Seite zwar unter der Überschrift „die 68er" über eine Demokratisierung an der Universität nachgedacht wurde („Mitbestimmung bei Lehrinhalten"), auf der anderen Seite aber „Gegenkräfte" erfolgreich(er) waren.

Die „Generation X" war die erste Generation, die man, inspiriert durch den Bestseller „Generation X" von *Douglas Coupland*, mit dem expliziten Etikett „Generation" kategorisierte. Sie war die erste Nachkriegsgeneration, um deren Erziehung man sich intensiv kümmerte, was aber auf wenig Gegenliebe bei den Jugendlichen stieß („Null-Bock") und sich vom Musikstil am besten durch die Grunge-Band Nirvana charakterisieren lässt. An den Universitäten hatte sich die Gegenrevolution durchgesetzt, was aber die eher skeptischen Jugendlichen nicht besonders interessierte, die ihr Hauptaugenmerk eher auf einen effizienten Umgang mit dem System legten.

Die „Generation Y" dominiert Anfang des neuen Jahrtausends die Hochschulen und fängt an, sukzessive den Arbeitsmarkt zu erobern. Deshalb bekommt sie auch die Bezeichnung „Millennials". Diese Generation ist grenzenlos optimistisch und übernimmt das Gefühl der New Economy, wo eine Unternehmensgründung nach der anderen zum (manchmal allerdings nur kurzfristigen) Erfolg führte. Gleichzeitig optimieren die Unternehmen ihr Personalmanagement und richten es konsequent wettbewerbsorientiert auf diese Generation mit der Devise „(wirklich) fordern" und „(teilweise) fördern" aus.

In der Hochschulpolitik greifen die Unternehmensinteressen, da jüngere und „praktischer" ausgebildete Absolventen gesucht werden.[3] Daraus entsteht nicht nur die Bologna-Reform, sondern auch der Versuch Universitäten zu Berufsakademien mit sofortigem Handlungswissen und mit Unternehmensbezug umzufunktionieren. In der Unternehmenslandschaft verknüpft man die Generation Y mit Work-Life-Blending als fließendem Übergang zwischen Berufs- und Privatleben: So können diese Digital Natives zwar am Nachmittag schon im Schwimmbad am Laptop arbeiten, sind dafür im Gegenzug aber auch

---

3 Vgl. Scholz 2010.

Christian Scholz

am Wochenende und nach „Feierabend" für den Chef erreichbar. Ebenso werden heute Hochschulreformen und das Arbeitsleben betreffende Gesetze (vgl. *Scholz 2016*) primär unter dem unternehmensbezogenen Verwertungsinteresse und vor dem Hintergrund einer Generation Y praktiziert, die hier (angeblich) begeistert mitspielt.

Wer aber definitiv nicht mehr begeistert mitspielt, das ist die „Generation Z". Ursprünglich mit dem Starttermin 1995 belegt, sieht man bereits jetzt typische Zler im Alter von rund 25 Jahren in den Unternehmen, weshalb man korrekterweise die Generation Z mit „beginnend Anfang der 1990er Jahre" terminiert. Diese Generation ist in faszinierender Weise vollkommen anders:[4] Zunächst einmal ist sie realistisch, weiß also beispielsweise, dass bei Unternehmen selten die Mitarbeiter im Mittelpunkt stehen, sondern eher Mittel zum Zweck sind. Dementsprechend hat sie eine extrem distanzierte Haltung zu Führungskräften, Politikern, aber auch zu Lehrern und Dozenten jeglicher Art an der Universität. Die Generation Z will eine klare Trennung zwischen Beruflichem und Privatem, klare Arbeitszeitregelungen („9 to 5") und exakte Strukturen. So paradox es klingt: Die von älteren Generationen kritisierte Bologna-Struktur mit verschultem und kleinteiligem Studium passt genau zur Generation Z – wobei die Generation Z aber auch von derartigen Modellen (wie dem achtjährigen Gymnasium und der Ganztagsbetreuung oftmals spätestens ab dem 4. Lebensjahr) geprägt ist, also nichts Anderes kennt und auch nichts anders will. Für Universität wie für Unternehmen gilt: Die Generation Z ist leistungsfähig und leistungswillig, aber nur in klar definierten Grenzen.

---

4 Vgl. Scholz 2014.

Abbildung 1 zeigt eine kurze Gegenüberstellung als Ausschnitt aus der vieldimensionalen Charakterisierbarkeit der vier aktuell dominanten Generationen.

Babyboomer	Generation X	Generation Y	Generation Z
geb. ca. 1950–1965	geb. ca. 1965–1980	geb. ca. 1980–1995	geb. ca. ab 1990/1995
< TV >	1 Screen	2–3 Screens	3–5 Screens
Schallplatte	Kassettenrekorder	MP3	Cloud
Idealismus	Skeptizismus	Optimismus	Realismus
Bildungsnotstand: Bücher an Unis sind knapp	Spielverderber: der ärgerliche Zwang, Bücher zu lesen	Wettbewerb: Studierende verstecken Bücher vor Studierenden	Substitution: Bücher werden ersetzt durch Google
Beruf wichtig	Privat wichtig	Work-Life-Blending	Work-Life-Separation

Abb. 1: Vier Generationen im Vergleich[5]

Vertiefend bringt Abbildung 2 einen Ausschnitt aus einer aktuellen empirischen Untersuchung zur Generation Z (n = 2.413) die als Master-Arbeit am Lehrstuhl des Autors erstellt wurde. Man erkennt, dass die Generation Z, wie auch die Generationen davor, Erfüllung in der Arbeit sucht, aber hohes Einkommen und Karriere als weniger wichtig einstuft. Hoher Leistungsdruck gilt als weniger wünschenswert. Überstunden scheiden vollkommen aus.

---

5 Nach Scholz 2014.

Welche Aspekte sind dir im Berufsleben wichtig? Generation Z Deutschland 2016 (n=2.413)	männlich		weiblich		Summe Zustimmung
	will ich auf keinen Fall /eher nicht	will ich eher/auf jeden Fall	will ich auf keinen Fall /eher nicht	will ich eher/auf jeden Fall	
Erfüllung in der Arbeit finden	2 %	86 %	1 %	93 %	91 %
Meine Leidenschaft zum Beruf machen	5 %	77 %	4 %	83 %	81 %
Handlungsfreiheit haben	2 %	82 %	2 %	80 %	81 %
Hohes Einkommen haben	6 %	72 %	6 %	66 %	68 %
Karriere machen	9 %	64 %	11 %	55 %	57 %
Geringen Leistungsdruck haben	26 %	34 %	17 %	41 %	39 %
Überstunden machen	31 %	20 %	40 %	11 %	14 %

Abb. 2: Erwartungen der Generation Z an den Beruf (GenZ-Panel@orga.uni-sb.de 2016)

Gestalten: Hörsaal zwischen Ponyhof und Bildungsauftrag

Überträgt man diese zwangsweise hier etwas verkürzte Darstellung der Generationen auf die Universität, so wird klar, dass die Mehrzahl der Studierenden mehr oder weniger deutlich dem Grundmuster „Generation Z" entspricht. Ihnen gegenüber stehen Babyboomer sowie die Generationen X und Y. Damit stellt sich die Frage, wie man mit der Generation Z umgehen sollte, wohl wissend, dass unsere aktuellen Systeme an der Universität primär auf die Generation Y ausgelegt sind.

Zunächst zur grundsätzlichen Logik und zur Hauptaussage dieses kleinen Beitrages: Zum einen ist es unumgänglich, in vielen Fällen den oft berechtigten Wünschen der Generation Z nicht nur zähneknirschend nachzugeben, sondern weitergehend sogar zu erkennen, dass dahinter sinnvolle Tendenzen stecken. Zum anderen ist aber die Universität kein Ponyhof. Wir alle haben einen Bildungsauftrag: So scheinbar leicht es fällt, „Wünsch-Dir-Was" zu sagen – und sei es nur, um bei Bewertungen durch Studierende gut abzuschneiden, so verkehrt ist diese grundsätzliche Maxime. Es gilt also immer abzuwägen zwischen „Akzeptieren/Nutzen" und „Nicht Akzeptieren/Gegensteuern". Diese Herausforderung wird nachfolgend an fünf Beispielen erläutert.

Wie geht man mit Studierenden um, die nur eine sehr geringe Aufmerksamkeitsspanne haben?

Geprägt durch Digitalisierung in Form von Smartphones und Tablets als Hardware sowie WhatsApp und YouTube als Software sinkt die Aufmerksamkeitsspanne der Jugendlichen. Sie liegt aktuell bei 8 Sekunden und damit niedriger als bei einem Goldfisch, der es angeblich auf 9 Sekunden bringt:[6] Dieser Wert ergibt sich als Mittelwert über alle Generationen, könnte also bei der Generation Z wesentlich niedriger liegen.

Akzeptieren/Nutzen: Dozenten werden immer mehr zu „Edutainern", die moderne digitale Medien in den Unterricht integrieren, der spielerischen Charakter und Überraschungswert besitzt. Ein lustiges kleines Quiz über das Smartphone beantworten mit Sofortauswertung über den Beamer, etwas mehr Gamification mit „echten" (und vielleicht sogar ernsthaften) Computerspielen oder Dozenten, die den „Reitertanz" zum Megahit „Gangnam Style" des koreanischen Sängers Psy beherrschen, sie dürften sich bald zum Hit bei der Generation Z mausern. Um der geringen Aufmerksamkeitsspanne entgegenzukommen, bietet sich ein Lernen in kleinen Häppchen an. Dazu gehören auch Power-Point-Folien mit bis zu fünf Bullet-Points, die unmittelbare Klausurrelevanz signalisieren und nach Auswendiglernen schreien. Wohlgemerkt ist all das – vielleicht abgesehen von Tanzeinlagen bei wenig Talent – nicht verkehrt, sofern in Maßen eingesetzt.

Nicht akzeptieren/Gegensteuern: Das Lernen in der analogen Welt reaktivieren. Trotz aller Faszination der digitalen Welt darf sie nicht überbetont werden, es sollte vielmehr das Lernen in der analogen Welt reaktiviert werden.

---

6 Vgl. woweducation 2014.

Christian Scholz

Es gibt jenseits von Google und Wikipedia auch Bücher aus Papier und weiße Bögen, auf die man zeichnen kann. Auch Theater kann man – wie Bachelorstudierende der BWL an der Universität des Saarlandes eindrucksvoll gezeigt haben – „analog und in Realtime" selber machen. Auch wenn Studierende der Generation Z dies gerne mögen: Lernen darf nicht nur funktionell auf Prüfungsvorbereitung ausgelegt und passend in Stichworten aufbereitet werden. Hier sollten Dozenten ihrem Auftrag nach allgemeiner Bildung jenseits von Modulhandbüchern folgen!

Was bedeutet Co-Creation für die Unterrichtsgestaltung?

Unter Co-Creation versteht man den aus der Open Innovation stammenden Prozess, in dem Unternehmen externe Partner (wie Konsumenten) in den Prozess der unternehmerischen Wertschöpfung mit einbeziehen.[7] Übertragen auf den Lehrbetrieb ist „Co-Creation" das gemeinsame Schaffen von Wissen und einem Mehrwert für Studierende und Dozent, also das Erarbeiten des Lernstoffs durch die Studierenden.

Sie bekommen also keine Lösungen vorgegeben, sondern sollen selbstständig über Google, Wikipedia und andere Quellen sowie über kreatives Nachdenken die Antworten auf (Unterrichts-)Fragen finden.

Akzeptieren/Nutzen: Co-Creation kann für den Unterricht sinnvoll sein und die Studierenden mehr einbinden, vor allem aber aktivieren. Co-Creation bietet sich vor allem dann an, wenn es sich um ein kreatives-innovatives Thema handelt, bei dem es noch kein etabliertes Wissen und speziell noch kein „Richtig oder Falsch" gibt. So können Studierende über Lernformen der Zukunft nachdenken, sich den Kopf über attraktive Arbeitgebermarken zerbrechen oder die Rolle der Ureinwohner in der US-amerikanischen Gesellschaft analysieren.

Nicht akzeptieren/Gegensteuern: Trotzdem ist aber frontaler Unterricht als Top-Down-Methode gerade bei der Generation Z wichtig und richtig. Zum einen sucht die Generation Z durchaus Struktur und Sicherheit, akzeptiert

---

7 Vgl. Prahalad/Ramaswamy 2004.

also auch diesen Lehrstil. Zum anderen scheidet Co-Creation für extrem viele Bereiche aus: So macht es wenig Sinn, sich „einmal kurz zu überlegen", wie in der BWL eine Bilanz aufgebaut wird. Und es ist geradezu sträflich, die Pointe von Motivationstheorien „mal schnell" über Wikipedia zu entwickeln oder Gestaltungsprinzipien zur Medienwirksamkeit „zu googlen". Jedes Fach hat Kernkomponenten, die 1:1 beherrscht, und Diskursfelder, die in ihrer gesamten Varianz verstanden werden müssen.

Darf man Studierende auf Facebook (be-)suchen?

Hier lautet die Antwort, die auch für viele andere soziale Netzwerke gilt, ganz klar NEIN! Soziale Netzwerke wie Facebook sind ein virtueller, privater Rückzugsraum der Studierenden, den sie zur Identitätsdarstellung nutzen und auch brauchen. Dozenten sollten sich konsequent aus den Accounts der Studierenden heraushalten und keine „Freundschaften" mit Studierenden eingehen, ganz zu schweigen davon, Studierenden Freundschaftsanfragen zu schicken oder diese „anzustupsen". Sofern Dozenten keine klaren Hinweise erhalten, dürfte es auch nicht zu ihren Aufgaben gehören, Studierende in sozialen Netzwerken zu überwachen.

Wo berührt die „Fear of Missing Out" den Hochschulalltag?

Für die Generation Z gilt das Motto „You only live once!" (YOLO). Hieraus entsteht die „Fear of Missing out" (FOMO) als latente Befürchtung irgendetwas zu verpassen (wie Posts von Freunden in Social Media) oder etwas zu übersehen (wie die neuesten Bilder auf Instagram zu Food-Trends oder ein neues Beauty-Tutorial auf YouTube). Ganz schlimm: bei irgendetwas Angesagtem nicht berücksichtigt zu werden, wie etwa über Facebook keine Einladung zum nächsten Poetry Slam zu bekommen.

Akzeptieren/Nutzen: Das Phänomen „Fear of Missing Out" nutzen, indem klar strukturierte und entsprechend abrufbare Informationsblöcke geschaffen werden. Dozenten können zum Beispiel ihre Aktivitäten und Hinweise zu Veranstaltungen auf ihrer Homepage beziehungsweise der Webseite ihrer

Hochschule posten und News Feeds für die Studierenden anbieten, damit diese stets „up-to-date" sind. Eigens eingerichtete Lernplattformen (mit eLearning-Angeboten) bieten Studierenden, aber auch Lehrenden die Möglichkeit, interaktiv und „on-demand" zu lernen und sich auszutauschen.

Nicht akzeptieren/Gegensteuern: Dozenten sollen darauf verzichten, Ambiguität und Unsicherheit völlig abzubauen, da derartiges zu einer Universität gehört, was aber auch entsprechend erklärt werden muss. Egal, ob die Generation Z derartige Diskussionen für gut, richtig oder wichtig erachtet, sollten Dozenten vermitteln, dass wir es eben nicht immer mit klar-formuliertem beziehungsweise final-abgeschlossenem Wissen zu tun haben und dass darin weder konzeptionelle Schwächen noch didaktisches Unvermögen bestehen, sondern darin die eigentliche Pointe der Universität liegt. Also: Universität ist kein Wikipedia.

Was bedeutet Feedback für die Generation Z?

Die Generation Z ist permanentes Feedback gewöhnt. Sie stellt Bilder ins Netz oder postet Beiträge, wofür sie im Regelfall sofort mehr oder weniger viele Likes und Kommentare bekommt. Die Generation Z erwartet aber nicht nur rasches Feedback, sondern auch überwiegend positives Feedback.

Akzeptieren/Nutzen: Der geringen Aufmerksamkeitsspanne der Generation Z sollte man Rechnung tragen, also sofort knapp und klar formuliertes Feedback geben. Ein Beispiel dafür ist ein kleines Quiz, mit dem man am Ende einer längeren Vorlesung abgespeichertes Wissen und Verständnis für Zusammenhänge abfragen kann: Hier kann man mit drei bis vier Antwortoptionen arbeiten und wie bei Quizshows im Fernsehen nach 30 Sekunden automatisch die richtige Antwort liefern. Auf diese Weise erkennen Studierende, was sie wissen und Dozenten merken, wenn ein Aspekt nicht richtig angekommen ist, und können entsprechend nachbessern. Trotz allem bleibt das Feedback in der Tendenz positiv und wird vor allem sofort geliefert.

Nicht akzeptieren/Gegensteuern: Es gibt aber auch anderes Feedback. Selbst wenn es die Generation Z eher irritiert, kann man auch darauf hinweisen, dass die Antwort eines Studierenden schlichtweg falsch ist. Also: Dann loben, wenn es berechtigt ist, aber auch konstruktive Kritik auf sachliche Art übermitteln. Nicht immer liegt in der Kürze die Würze. Vor allem muss und darf es auch negatives und differenzierendes Feedback geben. Studierende müssen auch verstehen, dass nicht zwangsläufig jeder gewinnt und mit guten Noten belohnt wird. Das Prinzip „Everyone gets a trophy" hat da seine Berechtigung, wo es fein-granulare Benotungsunterschiede eliminiert und teilweise einheitliche Noten produziert. Es darf aber nicht dazu führen, dass Jugendliche einen verfassungsrechtlichen Anspruch auf gute Bewertungen für jeden kleinen Zwischenschritt sehen.

Reflektieren: Eigenes Verhalten hinterfragen

Die Tatsache, dass der vorangegangene Abschnitt einige eher operative Hinweise zum Umgang mit der Generation Z im Hörsaal präsentiert hat, darf nicht darüber hinwegtäuschen, dass das Phänomen der „Generation Z" ein völlig neues Paradigma darstellt. Gleichzeitig stammen Dozenten aus anderen Generationen: Das ist insofern ein Vorteil, weil Generationen sich selbst aus der Eigensicht weniger gut verstehen können. Es ist aber auch von Nachteil, weil es teilweise ein Gefangensein in traditionellen Denkmustern bedeutet. In jedem Fall müssen wir uns JETZT auf die Generation Z einstellen, obwohl und gerade weil viele Fragen noch nicht beantwortet, teilweise sogar noch nicht einmal gestellt sind.

Literaturverzeichnis

Scholz, Christian, *Von der „Generation Bologna" zur „Generation Praktikum"*, in: Forschung und Lehre (11/2010), S. 802–803.

Scholz, Christian, *Generation Z – Wie sie tickt, was sie verändert und warum sie uns alle ansteckt*, Wiley 2014.

Scholz, Christian, *So bekommen Chefs den Segen ihrer Mitarbeiter*, 29.01.2016, in: http://www.welt.de/wirtschaft/karriere/article151638204/So-bekommen-Chefs-den-Segen-ihrer-Mitarbeiter.html, abgerufen am 05.08.2016.

GenZ-Panel@orga.uni-sb.de, Datenbasis der Masterarbeiten von Eilers, Sabrina/Elizen, Martin/Meier, Kathrin/Karaca, Claudia, geschrieben am Lehrstuhl für Betriebswirtschaftslehre, insb. Organisation, Personal- und Informationsmanagement (Univ.-Prof. Dr. Christian Scholz) an der Universität des Saarlandes (Saarbrücken) 2016.

McCrindle Research, *Seriously Cool. Marketing and communicating with diverse generations,* 2010, in: http://www.mccrindle.com.au/resources/whitepapers/Marketing-Communicating-with-Diverse-Generations.pdf, abgerufen am 05.08.2016.

Prahalad, C. K. / Ramaswamy, Venkat, *Co-Creation Experiences: The Next Practice In Value Creation,* in: Journal of Interactive Marketing (3/2004), S. 5–14.

Woweducation, *Decreasing attention span – Ours is lower than that of a goldfish!,* 22.05.2014, in: http://www.woweducationrewards.org/decreasing-attention-span-ours-is-lower-than-that-of-a-goldfish/, abgerufen am 05.08.2016.

Vortrag

Gardenia Alonso
Aktuelle Herausforderungen und Zukunft der Vermittlung von Schlüsselkompetenzen

1. Problemstellung

Um die aktuellen Herausforderungen, die aus rasant anwachsendem Wissen und zunehmender Komplexität sowie aus dem Wandel gesellschaftlicher[1] und ökonomischer[2] Rahmenbedingungen resultieren, gut bewältigen zu können, müssen Hochschulen und Universitäten zielgerichtete Maßnahmen ergreifen, um die Ausbildung kompetenter Fachleute garantieren zu können. Es steht daher außer Frage, dass die Entwicklung unserer Wissensgesellschaft auch Universitäten und Hochschulen vor große Herausforderungen stellt.[3] Es hat sich ein Paradigmenwechsel vollzogen, der in unterschiedlichsten Bildungskontexten zu kontroversen Diskussionen von „Qualifikationen" und „Kompetenzen" geführt hat. Heyse stellt hierbei in Frage, dass Absolventen durch den Erwerb einer Hochschulqualifikation auch tatsächlich kompetente Fachkräfte sind, die komplexe Probleme im Beruf selbständig und kreativ lösen können.[4] Heyse gibt zu bedenken, dass Qualifikationen häufig für die adäquate Bewältigung von offenen, komplexen Arbeitskontexten nicht ausreichen, da in solchen Situationen kein vorgefertigter Weg zum Ziel führt, sondern unterschiedliche Kompetenzen zur kreativen Lösungsfindung benötigt werden. Heyse fordert

---

1 Vgl. Baumann 2009.
2 Vgl. Voß; Egbringhoff 2004.
3 Eine kritische Betrachtung zu Qualitätsfragen bei der Internationalisierung der Hochschulbildung findet sich bei Heyse 2014.
4 Vgl. Heyse 2014: S. 202.

daher von den Hochschulen, die Entwicklung von Fachwissen und Kompetenzen in Einklang zu bringen.[5]

Dass dieser Forderung nicht nur auf dem Papier, sondern auch in der Praxis nachgekommen werden muss, lässt sich gut begründen: Das Hochschulrahmengesetz nimmt die Hochschulen in die Pflicht, neben der wissenschaftlichen Bildung auch auf berufliche Tätigkeiten vorzubereiten.[6] Auch der Europarat und die europäische Kommission stellen die Forderung auf, die Hochschulausbildung in Einklang mit einem europäischen Verständnis von Mobilität und Beschäftigungsfähigkeit zu bringen, und insbesondere die Studierenden selbst erhoffen sich dadurch bessere Berufs- und Lebenschancen. Die Operationalisierung und systematische Umsetzung stellt allerdings trotz jahrelanger Bemühungen in vielen Bereichen noch immer eine Herausforderung für die Hochschulen dar. Es soll beleuchtet werden, wie dieser Herausforderung begegnet werden kann, um zukünftig in der Vermittlung von Schlüsselkompetenzen erfolgreicher zu sein. Es wird daher ein Modell vorgestellt, welches den Ansprüchen von Studierenden gerecht wird und ihre individuellen Lernpräferenzen berücksichtigt. Dieses Lehr-Lernszenario ist hochschuladäquat und bereitet außerdem auf berufliche Tätigkeiten systematisch vor.

Eine der zentralen Fragen dieses Vortrags ist somit: Gibt es Faktoren bei deren Beachtung mit einer hohen Wahrscheinlichkeit positive Effekte bei der Entwicklung von Schlüsselkompetenzen im Hochschulkontext erzielt werden können?

2. Stand der Entwicklung von Schlüsselkompetenzen und aktuelle Herausforderungen

Seit Einführung der Bologna-Reform sind zahlreiche Studien durchgeführt worden, die Wünsche und Anforderungen in puncto kompetenzorientierter Ausbildung auf Basis unterschiedlicher Projekte aus diversen Perspektiven

---

5 Vgl. Heyse 2014: S. 201 ff.
6 Vgl. HRG § 2 Abs. 1 Satz; vgl. auch Kohler, Stifterverband für die Deutsche Wissenschaft 2004: S. 5.

(Bildungspolitik,[7] Studierende/Absolventen,[8] Hochschulen,[9] Arbeitgeber[10]) beleuchten. Ergebnisse dieser Studien sollen im Folgenden in knapper Form betrachtet werden. Hierbei werden Schwerpunkte in erster Linie auf die Bildungspolitik und die Absolventenperspektive gelegt.

2.1 Schlüsselkompetenzen aus bildungspolitischer und gesellschaftlicher Perspektive

Selbstverständlich müssen Schlüsselkompetenzen (siehe Forderungen der OECD) nicht nur als Aufgabe der Bildungspolitik, sondern auch als eine gesellschaftliche Verantwortung gesehen werden. Schlüsselkompetenzen sollen hierbei als erwerbbare interdisziplinäre Wissensbestände, Fähigkeiten, Fertigkeiten und Einstellungen betrachtet werden, die die situationsangemessene Realisierung von persönlichen und beruflichen Anforderungen in vielfältigsten Anwendungsbereichen ermöglichen. [11]

Das Projekt *Definition and Selection of Competencies* (DeSeCo) initiierte mit zahlreichen Wissenschaftlern, Experten (aus Wirtschaft, Politik und Interessensvertretungen) und Organisationen die Entwicklung eines theoretischen und konzeptionellen Rahmens für Schlüsselkompetenzen. Hierbei war die anforderungsorientierte Ausgangsfrage, welche Kompetenzen zu persönlichem Erfolg und zu einer gut funktionierenden demokratischen Gesellschaft führen. In diesem Konzept werden Schlüsselkompetenzen in drei Kategorien unterteilt, die allerdings als Zusammenspiel zu sehen sind:
(1) selbstverantwortliche autonome Handlungsfähigkeit,
(2) Anwendung von Medien und Hilfsmitteln, wie z. B. Sprache und Informationstechnologien mit dem Ziel einer erfolgreichen Interaktion, sowie
(3) Interaktion mit Menschen unterschiedlicher Kulturen und sozial heterogener Gruppen.[12]

---

7 Vgl. DeSeCo Studie, OECD 2005.
8 Vgl. Schaeper; Briedis 2004; Little; Braun; Tang 2008: Reflex, Europäische Absolventenbefragung.
9 Vgl. Gayk 2005.
10 Vgl. ebenda.
11 In Anlehnung an die Definition von Orth 1999: S. 107.
12 OECD 2005: S. 7.

Die definierten Schlüsselkompetenzen basieren auf der Reflexion von Handlungsprozessen, die eine Basis für Veränderungsbereitschaft, kritisches Denken und verantwortungsbewusstes Handeln schaffen. Die ermittelten Kompetenzgruppen lassen sich weiterhin in die aktuell im deutschsprachigen Raum geläufige Terminologie der (1) Selbstkompetenzen, (2) Methodenkompetenzen und (3) Sozialkompetenzen übersetzen. Die Ergebnisse sind teilweise an den Hochschulen bereits operationalisiert worden – jedoch steht eine empirische Überprüfung noch aus.

2.2 Kompetenzanforderungen im Beruf

Ein weiterer Zugang zur Evaluierung der Schlüsselkompetenzvermittlung an Hochschulen ist die Befragung von Absolventen: Wie schätzen Absolventen die erworbenen Kompetenzen ein und welche Erwartungen und Anforderungen stellt die Berufspraxis an sie. Eine Befragung der HIS[13] hat ergeben, dass Fachkompetenzen für den beruflichen Erfolg aus Sicht der Absolventen nur ein Baustein sind und darüber hinaus personale, soziale und methodische Kompetenzen von besonderer Bedeutung für ihr berufliches Handeln sind. Sowohl die HIS-Studie als auch die internationale Cheers-Studie ergaben übereinstimmend, dass die Absolventen sich gute Methodenkompetenzen attestierten, aber ihre Sozialkompetenzen vergleichsweise schwächer einstuften.[14]

Für eine professionelle Handlungskompetenz in Arbeitsbereichen von Hochschulabsolventen werden neben den bereichsspezifischen Fachkenntnissen und einem breiten Grundlagenwissen insbesondere Methodenkompetenzen (z. B. selbständiges, konzentriertes Arbeiten und Problemlösungsfähigkeit), Selbstkompetenzen (z. B. Organisations- und Zeitmanagement, die Fähigkeit sich auf Veränderungen einzustellen) sowie Sozialkompetenzen (z. B. Kommunikationsfähigkeit, Übernahme von Verantwortung und Ko-

---

13 Innerhalb der Studie der HIS von 2004 wurden über 8200 Absolventen im Mittel 1,5 Jahre nach ihrem Studienabschluss befragt.
14 Vgl. Careers after Higher Education: A European Research Study (CHEERS). Guggenberger; Kellermann Sagmeister 2001; Vgl. auch HIS-Studie, Schaeper; Briedis 2004: S. 13 ff.

operationsfähigkeit) und Präsentationsfähigkeit (in Form von hervorragender schriftlicher und mündlicher Ausdrucksfähigkeit) benötigt.[15]

Hinsichtlich der Kompetenzniveaus der Absolventen ergab sich aus der Studie ein durchaus heterogenes Bild. Die Erhebung ermittelte, dass rund drei Viertel der Absolventen ihre Methodenkenntnisse (Organisationsfähigkeit, Problemlösungskompetenz, kritisches Denken, Zeitmanagement, analytische Fähigkeit) als hoch einstufen. Etwa die Hälfte schätzen ihre Präsentationskompetenzen und ihr Selbstmanagement als gut ein. Ihre persönlichen Sozialkompetenzen beurteilen die Absolventen jedoch nicht so positiv. Insgesamt schätzen sich Fachhochschulabgänger in den meisten Schlüsselkompetenz-Bereichen etwas schlechter ein als die Universitätsabsolventen. Sie attestierten sich jedoch in den Bereichen EDV, Rechts- und Wirtschaftskenntnisse bessere Kenntnisse.[16]

Die internationale REFLEX-Absolventenbefragung ermittelt folgende Kompetenzanforderungen von Hochschulabsolventen: Über drei Viertel der befragten Hochschulabsolventen der in 2008 veröffentlichten Erhebung erachteten die in der Studie aufgeführten Kompetenzen als sehr relevant für die erfolgreiche Ausübung ihrer aktuellen Berufstätigkeit. Hierbei wird selbstverständlich auch die Fachkompetenz genannt, aber insbesondere werden nach ihren Aussagen fachübergreifende Kompetenzen, wie

- effizientes Zeitmanagement und unter Zeitdruck arbeiten zu können,
- sich selbständig neues Wissen aneignen zu können,
- Kooperations- und Kommunikationsfähigkeit und
- gute Computer- und Internetkenntnisse benötigt.[17]

Im Wesentlichen decken sich die Kompetenzen der deutschen Absolventen mit den Anforderungen, die sie in ihrem Beschäftigungsfeld vorfinden. In manchen Bereichen, wie z. B. im Hinblick auf ihre Fremdsprachenkenntnisse und ihre Fähigkeit, unter Druck leistungsfähig zu arbeiten, schneiden deutsche Absolventen in dieser internationalen Befragung sehr gut ab. Die größten

---

15 Vgl. Schaeper; Briedis 2004: S. 36 ff.
16 Vgl. ebd.: S. 16 ff.
17 Vgl. Little; Braun; Tang 2008: S. 73.

Defizite sehen die Absolventen selbst im Bereich des Zeitmanagements, ihrer Durchsetzungsfähigkeit und ihrer Verhandlungskompetenz.

Schaeper und Briedis identifizierten im Rahmen der HIS-Studie vier unterschiedliche Formen der Arbeitsstruktur: (1) modern-globalisiert, (2) kundenorientiert-eigenverantwortlich, (3) projektorientiert-kundenfern und (4) unmodern-hierarchisch.[18] Über den Vergleich der Arbeitskontexte lassen sich typische Anforderungen und Annahmen über Kompetenzprofile für bestimmte Arbeitsbereiche treffen. Aus der Analyse der Daten lässt sich ableiten, dass die Kompetenzanforderungen in den teamorientierten, interdisziplinären und internationalen Arbeitskontexten (1) sowie in den Kontexten, in denen Kundenorientierung und Eigenverantwortung (2) eine große Rolle spielen, deutlich höher sind als in den kundenfernen (3) und hierarchischen (4) Arbeitsstrukturen. Durch Trends wie die zunehmende Bedeutung des Dienstleistungssektors sowie die stets weiter voranschreitende Digitalisierung werden die Kompetenzanforderungen auch in Zukunft weiter steigen.[19] So geht ein hoher Anteil der Naturwissenschaftler in die Forschung, in der die Methodenkompetenz insbesondere im Bereich des wissenschaftlichen Arbeitens von hoher Relevanz ist und in Zukunft durch Big Data und neue Formen der Auswertung von Daten etc. insbesondere in akademischen Beruf noch weiter ansteigen wird.[20] Im primären/sekundären Sektor[21] sowie im Dienstleistungssektor[22] sind ebenfalls gute Methodenkenntnisse, aber auch ein hohes Maß an Selbst- und Sozialkompetenzen gefordert.[23] Auch die Bedeutung der Fremdsprachenkenntnisse im primären und sekundären Sektor lässt aufgrund der Internationalisierung nicht nach.

---

18 Die folgenden Ausführungen zu den benötigten Kompetenzen nach Arbeitsstrukturen beziehen sich auf Schaeper; Briedis 2004: S. 42 ff.
19 Vgl. hierzu Stifterverband 2016, S. 26 ff.
20 Vgl. Stifterverband 2016: S. 14 ff.
21 Diese Kategorie umfasst sowohl Land-/Forstwirtschaft, Fischerei (primärer Sektor) als auch Energie-/Wasserversorgung, Bergbau, verarbeitendes Gewerbe, Industrie, Baugewerbe (sekundärer Sektor). Vgl. hierzu Frage 5.5 auf S. 13 des Anhangs von Schaeper; Briedis 2004.
22 Diese Kategorie umfasst die Bereiche: Handel, Banken, Versicherungen, Transport, Telekommunikation, Ingenieurbüros, Softwareentwicklung, EDV-Dienstleistungen, Rechts-/Wirtschafts-/Personalberatung, Presse/Rundfunk/Fernsehen. Vgl. hierzu Frage 5.5 auf S. 13 des Anhangs Schaeper; Briedis 2004.
23 Vgl. Schaeper; Bridies 2004: S. 41 ff.

Fazit der Studie von Schaeper und Briedis ist, dass Schlüsselkompetenzen in hohem Maße von Hochschulabsolventen verlangt werden und eine Korrelation zwischen Kompetenzanforderungen und beruflicher Stellung besteht. Mit der Übernahme von Leitungs- bzw. Führungsverantwortung steigt das Maß an notwendigen Schlüsselkompetenzen erheblich.[24] Derzeit verlassen Studierende die Hochschulen jedoch häufig nicht mit ausreichenden Kompetenzen insbesondere in den Bereichen Selbst- und Sozialkompetenzen. Absolventen wünschen sich rückwirkend einen stärkeren Praxisbezug und erfahrungsorientierte Lernszenarien, da sie der Ansicht sind, dass dies ihren Berufseinstieg erleichtert hätte.

Es stellt sich daher, wie in der Einführung erwähnt, die Frage, welche Faktoren zukünftig beachtet werden sollten bzw. welches didaktische Rahmenszenario mit hoher Wahrscheinlichkeit positive Effekte bei der Entwicklung von Schlüsselkompetenzen im Hochschulkontext erzielt.

2.3 Schlüsselkompetenzvermittlung aus Hochschulperspektive

Die HIS-Studie hat weiterhin gezeigt, dass Abiturnote, Schulart etc. nur geringe Aussagekraft hinsichtlich der ins Studium mitgebrachten Kompetenzen liefern. Ebenso ist laut der Erhebung nur selten eine Korrelation zwischen außeruniversitären Lernfeldern (Praktika und Nebentätigkeiten etc.) und dem Kompetenzniveau zu verzeichnen.[25] Auf der anderen Seite zeigt sich, dass die Lehr-Lernkontexte eine entscheidende Rolle für den erfolgreichen Ausbau der Kompetenzen spielen. Statt einer Konkretisierung der Ergebnisse der bisherigen Studien werden Schlüsselkompetenzen jedoch innerhalb und außerhalb der Hochschulen auf völlig unterschiedlichen Abstraktionsniveaus diskutiert und es entfacht vielfach ein Streit um Inhalte und ideale Vermittlungsformen. Denn von besonderer Relevanz ist nach Aussage der Studie die Art der besuchten Lehrveranstaltungen der Studierenden für die Entwicklung von Schlüsselkompetenzen. Positive Effekte in der Kompetenzentwicklung wurden z. B. durch ein projektorientiertes Studium und somit durch das Training professionellen

---

24 Vgl. Minks; Schaeper, 2002: S. 107.
25 Vgl. Schaeper; Briedis, 2004: S. 22 ff.

Handelns und einen hohen Praxisbezug messbar.[26] Ebenfalls als sehr relevant wurde die fachliche Qualifikation der Lehrenden sowie ihr Feedback im Hinblick auf die Weiterentwicklung von Kompetenzen bewertet. Insgesamt wurden in fast allen Kompetenzbereichen signifikant positive Effekte bei Lehr-/Lernformen erzielt, bei denen das Einüben von professionellem Handeln, Fremdsprachen und mündlicher Kommunikation im Vordergrund stand. Ähnliche Effekte konnten auch in der Studie von Alonso (2009) nachgewiesen werden.

Hieraus ergibt sich das Desiderat, dass die Akteure sich auf inhaltliche und didaktische Vorstellungen einigen müssen, um diese offensichtliche Anforderung der Hochschulen – die Förderung von Schlüsselkompetenzen ihrer Studierenden zur Unterstützung von Studier- und Berufsfähigkeit – auch erfüllen zu können.

Es werden zwar vielfältige Konzepte der Vermittlung von Schlüsselkompetenzen an den Hochschulen neu entwickelt und erprobt, sie stecken allerdings vielfach noch in den Kinderschuhen. Schaeper und Briedis erachten aufgrund der Praxisbeispiele der Studie auch additive Schlüsselkompetenzangebote für sinnvoll, wenn den Studierenden im weiteren Studienverlauf anschlussfähige Aufgaben zur Weiterentwicklung geboten werden. Integrative Ansätze werden bevorzugt, da sie nach Schaeper und Briedis auch direkt zu besseren Ergebnissen in den Fachkompetenzen führen können und den Praxisbezug erhöhen. In jedem Fall wird hochschuldidaktisch eine Veränderung der Lehr-/Lernkultur gefordert, um Defizite im Hinblick auf berufliche Anforderungssituationen zu minimieren. Als besonders relevant für die Umsetzung von Schlüsselkompetenzförderung im Sinne einer „employability"[27] werden folgende Aspekte gesehen:

- die Betreuungsangebote, d. h. gute Beratung,
- Anpassung der Lehre an zeitgemäße Inhalte und Methoden,
- Integration von Praxisbezug,
- Projektstudium,
- sinnvolle Verknüpfung von Theorie und Praxis.[28]

---

26 Vgl. ebd. S. 22.
27 Zum Vergleich länderspezifischer employability-Konzepte siehe Weinert et al. 2001: S. 115 ff.
28 Schaeper; Briedis 2004: S. 58 f.

3. Voraussetzungen für die Verbesserung der Schlüsselkompetenzvermittlung an Hochschulen

3.1 Nötige Rahmenbedingungen für die Lernenden

Um die Ausgangsfrage wieder aufzugreifen: Welche Rahmenbedingungen müssen für Studierende geschaffen werden, um positive Effekte in der Schlüsselkompetenzentwicklung zu erzielen?

Lernende sollten (1) ihr Lernen adäquat vorbereiten können (Lernziele auswählen, Vorwissen aktivieren etc.), (2) das Gelernte verstehen, behalten und anwenden können, (3) den Lernprozess regulieren können, (4) eigenen Prozess und Leistungen reflektieren und einschätzen und (5) Motivation und Konzentration erhalten können.[29]

Aus den Studienergebnissen von Alonso[30] lässt sich ableiten, dass folgende Elemente die Schlüsselkompetenzentwicklung in Lehr-Lernszenarien begünstigen:

1. Handlungs- und Problemorientierung des Lernkontextes,
2. Unterstützung von Lernstrategiewissen,
3. Eröffnung individueller Lernwege durch methodisch-didaktische Optionen,
4. Förderung von Selbststeuerung der Lernenden im Lernprozess,
5. Schaffung von kooperativen Arbeitskontexten,
6. Reflexion der Lern- und Entwicklungsprozesse,
7. kleine Gruppengröße, da nur bei einer kleinen Gruppe ein adäquater Austausch unter den Teilnehmern sowie die Möglichkeit zu individuellen Feedback etc. besteht.

---

29 In Anlehnung an das Phasenmodell von Simons 1992: S. 255.
30 Vgl. Alonso 2009: S. 221 f.

3.2 Rahmenbedingungen und Voraussetzungen auf Seiten der Lehrenden

Die Schaffung der zuvor genannten Rahmenbedingungen (1–6) erfordert umfangreiche Kompetenzen bei den Lehrenden, um tatsächlich positive Effekte in der Schlüsselkompetenzvermittlung zu erzielen. Im Folgenden werden die im Vortrag erörterten nötigen Kompetenzen der Lehrkräfte in knapper Form zusammengefasst:
1. methodisch-didaktische Kompetenz zur Unterstützung von Handlungs- und Problemorientierung,
2. zur Unterstützung von Lernstrategiewissen und Förderung von Selbststeuerung müssen Lehrende Lernstrategien kennen und diese adäquat vermitteln können,
3. Methoden- und mediendidaktische Kompetenzen zur Eröffnung individueller Lernwege,
4. didaktische Kompetenzen, um lerngerechte Szenarien zu schaffen,
5. Selbstreflexionskompetenz im Hinblick auf die eigene Lehre, um die Lern- und Entwicklungsprozesse der Studierenden verstehen zu können und das eigene Verhalten situationsangemessen adaptieren zu können.

Das gute Zusammenspiel dieser Kompetenzen auf Seiten der Lehrenden ermöglicht den Lernenden ein Lernen am Modell.[31]

3.3 Aktuelle Herausforderungen und zu überwindende Hürden

Es stellt sich die Frage, warum trotz aller Bemühungen, die Umsetzung so schwer ist: Obwohl die Notwendigkeit nach lebenslangem Lernen und der Bewältigung neuer Anforderungen ganz außer Frage steht, herrscht an Universitäten verstärkt die Meinung, dass die Hochschulen und Universitäten für die Vermittlung von Fachkenntnissen verantwortlich sind. Dies steht auch außer Frage. Dies führt jedoch u. a. dazu, dass bei der Vermittlung bzw. Prüfung

---

31 Bandura forschte zur Veränderung kognitiver Strukturen und entwickelte die Theorie des Lernens am Modell. Er wies auf die hohe Bedeutung der Beobachtung und somit der Vorbilder im Lernprozess hin. Vgl. hierzu Bandura 1976.

der Fokus häufig auf das gelegt wird, was sich gut belegen und messen lässt.[32] Somit wird die Kompetenzentwicklung vielfach nur fakultativ angeboten. Dies ist eine Konsequenz daraus, dass dem Fachwissen im Qualifikationsrahmen eine extreme Dominanz eingeräumt wird und dieses auch fast ausschließlich im Fokus der Lernziele steht. Die fachliche Ausbildung darf nicht an Qualität einbüßen. Jedoch sollte geprüft werden, wie die Schlüsselkompetenzen in adäquater Art und Weise in den Qualifikationsrahmen und in die Lernziele der einzelnen Curricula integriert werden können.

Heyse kritisiert, dass das Wissen über Schlüsselkompetenzen „nach wie vor verschwommen sei"[33] und sogar Akkreditierungsagenturen der Verbindung von Fachwissen und Schlüsselkompetenzen skeptisch gegenüberstehen. Heyse führt dies auf mangelnde Veränderungsbereitschaft zurück.[34] Lehrkräfte leben diese Einheit häufig nicht vor und sind ggf. nicht adäquat für die Förderung dieser Kompetenzen ausgebildet.[35] Insbesondere Professoren werden nicht nach der Vermittlungsfähigkeit von Schlüsselkompetenzen ausgewählt und in ihrer Tätigkeit in erster Linie nach ihren Forschungsergebnissen, Publikationen und Drittmitteleinwerbungen bewertet.

Exemplarisch wurden hier ein paar Aspekte der im Vortrag erörterten aktuellen Herausforderungen genannt und es stellt sich somit die Frage, wie diese Aufgaben in Zukunft gemeistert werden können. Im Folgenden sollen daher Lösungsansätze und exemplarische Best-Practice-Beispiele vorgestellt werden.

---

32 Vgl. Heyse 2014: S. 204. Einige Disziplinen wie z. B. die Fremdsprachen haben sich bereits auf den Weg gemacht, die kompetenzorientierte Vermittlung und Prüfung durch die Einführung neuer Konzepte auf solide Füße zu stellen – wie das Panel zur Kompetenzorientierung in der Fremdsprachenlehre auf dieser Tagung gezeigt hat. Zu kompetenzorientierten Prüfungsformaten siehe Fischer; Chouissa; Dugovičová; Virkkunen-Fullenwider 2011.
33 Vgl. Heyse 2014: S. 205.
34 Vgl. ebenda.
35 Obgleich es bereits einige Best-Practice-Beispiele (hochschuldidaktische Programme etc.) z. B. für die Einarbeitung von neuberufenen Professorinnen und Professoren gibt. Vgl. hierzu Brinker 2014: S. 216 ff.

3.4 Lösungsansätze und Best Practice

3.4.1 Best-Practice-Beispiele

Es gibt zahlreiche (wenn auch häufig isolierte) hervorragende Best-Practice-Beispiele sowohl für additive als auch für integrative Schlüsselkompetenzangebote. Nur leider gibt es oftmals keine ganzheitliche systematische Einbettung der Schlüsselkompetenzen in ein fakultätsübergreifendes für alle Studierenden und Lehrenden nachvollziehbares und tatsächlich gelebtes Gesamtkonzept. Exemplarisch wurden zwei fakultätsübergreifende Angebote der Universität Göttingen vorgestellt: Das InDiGu-Projekt[36] bietet ein SK-Modul zur systematischen Vor- und Nachbereitung von studienrelevanten Auslandsaufenthalten und ein weiteres Projekt widmet sich der Verbesserung der Situation von Flüchtlingen. Letzteres ist ein Schlüsselkompetenzangebot im Modul „Sozialkompetenz durch soziales Engagement", welches auf dem Service Learning-Konzept[37] basiert und in Abb. 1 grafisch dargestellt wird.

Ziel ist, die Studierenden als Integrationslotsen auszubilden. Geflüchtete Menschen arbeiten mit Studierenden in gemischten Gruppen zusammen und unternehmen u. a. sportliche und kulturelle Aktivitäten. So können die Teilnehmer der Psychologie u. a. ihre Methoden- und Reflektionskompetenz, die Studierenden der Medizin ihre Fachkenntnisse, die Arabischlerner ihre Sprachkenntnisse und die Sportstudierenden interkulturelle und Sozialkompetenz unter Anleitung ausbauen. Die Studierenden erfahren weiterhin in regelmäßigen Supervisionen professionelle Unterstützung.

---

36 Für weitere Informationen zum InDiGu-Projekt siehe: https://www.uni-goettingen.de/de/108275.html; https://www.uni-goettingen.de/de/indigu-projekt/120852.html (Stand: 23.03.17).
37 Vgl. zu Service Learning Backhaus-Maul 2015.

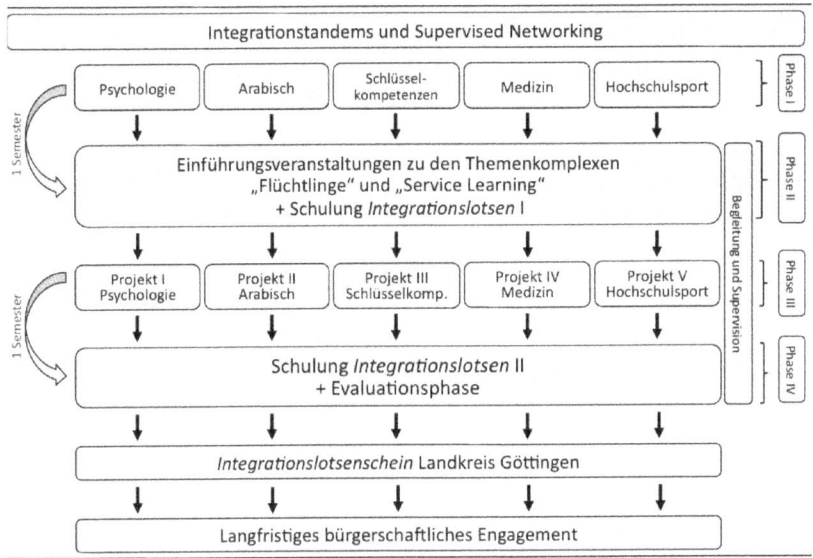

Abb. 1: Projekt: Integrationstandems und Supervised Networking[38]

3.4.2 Neue Vermittlungsformen und Faktoren zur Erhöhung des Lernerfolgs

Eine Studie von Alonso zur integrativen Vermittlung von Schlüsselkompetenzen hat die Bedarfe und Wünsche von Studierenden erfasst, um darauf basierend neue Lehr-Lernszenarien zu entwickeln.[39] Bei der Erhebung kristallisierte sich heraus, dass starke Defizite im methodischen Bereich des wissenschaftlichen Arbeitens insbesondere im Umgang mit Online-Ressourcen vorliegen und weiterhin Unsicherheiten im Bereich der Moderationstechniken sowie der Argumentations- und Präsentationsfähigkeiten insbesondere in den Fremdsprachen vorlagen. Die Interventionen ergaben, dass mit aktivierenden

---

38 Grafik von Bögel aus dem Arbeitspapier von Boos; Fischer 2016: S. 2.
39 Innerhalb der Studie von Alonso 2009 wurden 121 Studierende (1–6 Semester) betriebswirtschaftlicher Studiengänge einer Hochschule in Baden-Württemberg unterschiedlichen Interventionen in Lehr-Lernszenarien zur Entwicklung von Schlüsselkompetenzen unterzogen und zu ihren Erfahrungen befragt.

Lehr-/Lernformen unter Einsatz eines vielfältigen Methodenmixes die besten Ergebnisse erzielt wurden.[40]

Eine der Kernkompetenzen ist das selbstständige Lernen, da sie für viele weitere Kompetenzen eine Basis darstellt. Für das selbstständige Lernen sind die Bedingungskomponenten:
- die kognitiven und persönlichen Faktoren des Individuums,
- das Lernszenario/Lernsituation,
- das Lernmaterial und ggf. das Lernmedium, falls Lerninhalte darauf bereitgestellt werden.

Um den persönlichen Faktoren des lernenden Individuums Rechnung zu tragen, sollte das Modell des erfahrungsorientierten Lernens bei der Entwicklung von Lernszenarien für Schlüsselkompetenzangebote zugrunde gelegt werden. In hohem Maße geeignet ist das Modell nach Kolb,[41] da der Lernprozess vier Phasen durchläuft, die auch den unterschiedlichen Präferenzen bzw. Stilen der Lernenden Rechnung tragen.[42] Wie der Abb. 1 zu entnehmen ist, macht der Lernende im Lernprozess nach Kolb eine konkrete Erfahrung (1) reflektiert diese, betrachtet sie aus unterschiedlichen Perspektiven und erschließt sich somit Zusammenhänge durch Abstraktion und Vergegenwärtigung von Konzepten (3). Im Anschluss wird das neu Erlernte in der Praxis erprobt (4). Dies bietet die Möglichkeit der Verifizierung oder Falsifizierung der neuen Konzeptionalisierung, was neue Erfahrungen schafft. Somit kann der Lernkreislauf von Neuem beginnen. Nach Kolb bedeutet Lernen somit eine Ausdifferenzierung des Lernens durch das Durchlaufen des Lernzyklus, in den jede Person an einem unterschiedlichen Punkt einsteigen kann. Jeder Teilnehmer durchläuft alle Phasen, bringt sich jedoch je nach persönlichem Lernstil ggf. in unterschiedlicher Intensität in die unterschiedlichen Phasen ein. Konsequenz der Lerntypologie ist, dass es keinen optimalen Lernweg für alle Lerner gibt. Daher sollten die unterschiedlichen Lernpräferenzen in der Lehre berücksichtigt werden, aber auch die weniger präferierten sollten gefordert werden, um

---
40 Vgl. Alonso 2009 sowie Alonso 2010.
41 Vgl. zu den Lernstilen und dem Modell des erfahrungsbasierten Lernens Kolb 2007 und Kolb 2015.
42 In einer aktuellen Studie von Alonso et al. (2017) konnten mit dem Kolb'schen Lerninventar die unterschiedlichen Lernstile nachgewiesen werden.

diese Lernstile ebenfalls weiter auszubauen. Erfahrungsorientiertes Lernen im Sinne des beschriebenen Lernzyklus bietet hierzu eine gute Umsetzungsmöglichkeit.

Um die persönlichen Präferenzen des Lerners mit einem für Schlüsselkompetenzen adäquaten didaktischen Konzept zu vereinen, können nun die Phasen des Lernzyklus nach Kolb mit den Schritten des Problemlösens in Bezug gesetzt werden und es entsteht das in Abb. 2 angeführte Modell, welches zahlreiche didaktische Potentiale und Chancen für eine erfolgreiche Schlüsselkompetenzvermittlung an Hochschulen bietet.

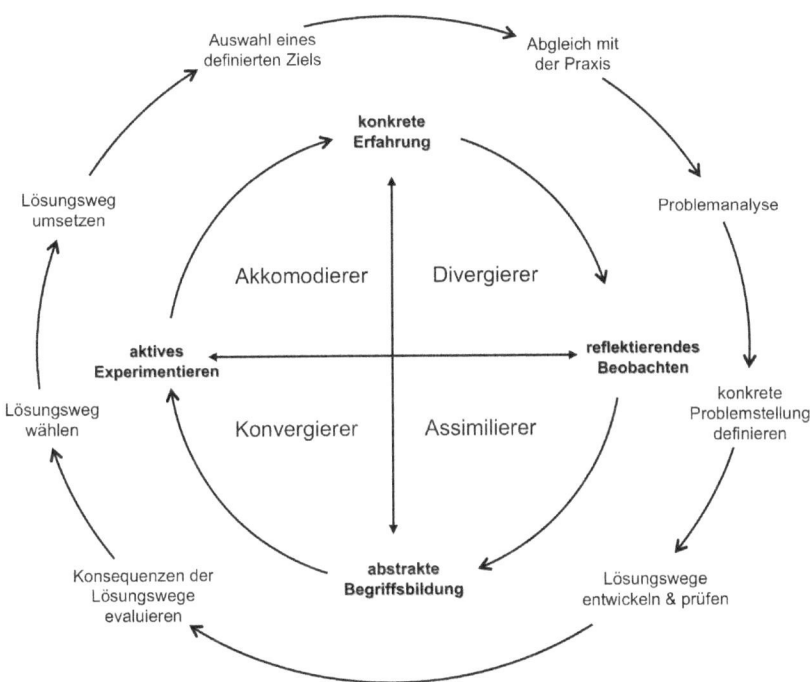

Abb. 2: *Lernkreislauf und Problemlösekreislauf*[43]

---

43 In Anlehnung an Kolb zit. nach Schäfer 2004: S. 55.

3.4.3 Organisatorische und hochschulpolitische Lösungsansätze

Eine nachhaltige Implementierung und Umsetzung kann nur durch konsequente und durchdachte Studiengangsentwicklung erfolgen. D. h. die Einheit von Fachkompetenzen und Schlüsselkompetenzen muss sich in den Studiengangsordnungen und Prüfungsordnungen systematisch widerspiegeln. Weiterhin muss die Einführung neuer Vermittlungsformen, die im Einklang mit den Prüfungsformaten stehen müssen, wo nötig, hochschuldidaktisch begleitet werden.[44]

Es sollte ein strukturierter Austausch von Hochschulvertretern stattfinden, die die Umsetzung und Weiterentwicklung von Schlüsselkompetenzen an Hochschulen betreuen. Auch die Hochschulleitungen sollten sich diesem Thema ernsthaft stellen und Ressourcen auch langfristig zur Verfügung stellen. Weiterhin ist es von zentraler Bedeutung, Maßnahmen und Verfahren zur Qualitätssicherung und der Qualitätsentwicklung strukturell, systematisch und nachhaltig an den Hochschulen zu verankern.

4. Diskussion und Fazit

Schlüsselkompetenzen, so zeigt die detaillierte Analyse, sind komplex und facettenreich. Trotz vielfältiger Bemühungen der Forschung, diese zu erfassen und zu strukturieren, ist – wie die Diskussion des Vortragsgezeigt hat – noch kein terminologischer Konsens geschaffen worden. Es wurde kritisch angemerkt, dass insbesondere das Verständnis von bestimmten Schlüsselkompetenzen außerhalb der Universitäten sehr divers ist und eine begriffliche Klarheit noch ein aktuelles Desiderat darstellt.

In der Diskussion wurde teilweise Kritik an den Ergebnissen der SQ 21-Studie geübt. Diese sollte im Hinblick auf ihre Ergebnisse und Zielerreichung validiert und evaluiert werden.

Da Schlüsselkompetenzen dazu dienen, sowohl individuellen als auch gesellschaftlichen Anforderungen gerecht zu werden,[45] wurde in der Diskussion

---
44 Vgl. hierzu Wildt; Wildt 2011 und Roloff 2005.
45 Vgl. Orth 1999.

gefordert, nicht nur Studierende, Hochschulvertreter und Unternehmen in Forschungsvorhaben einzubinden, sondern dem gesellschaftlichen Aspekt in höherem Maße Rechnung zu tragen.

Insgesamt ist Schlüsselkompetenzvermittlung mit der individuellen Übernahme von Verantwortung in einem aktivierendem situativen und sozialen Lernkontext gleichzusetzen, der Raum für kreative Problemlösungen bieten sollte.

Als Fazit bleibt festzuhalten, dass nicht nur das Gelernte, sondern insbesondere die Erfahrungen relevant sind. Unsere Lehr-/Lernformen an Hochschulen und Universitäten sollten daher Raum für das Sammeln von Erfahrungen bieten, denn Kompetenzen basieren auf Werten, die durch wertvolle Erfahrungen konsolidiert werden und erst durch Motivation und Emotionen zu einer dauerhaften Verankerung führen.[46]

---

46 Vgl. Hüther 2014: S. 69 f.

Literaturverzeichnis

ALONSO, G. (2009): *Kompetenzförderung an der Hochschule. Eine hochschuldidaktische Konzeption von Lernszenarien zur integrativen Vermittlung von Schlüsselkompetenzen.* Göttingen: Sierke Verlag.

ALONSO, G. (2010): Blending Culture into Learning. In: Eß, O. (Hrsg.): *Interkulturelle Kompetenz an Fachhochschulen. Perspektiven und Dimensionen für die Lehre.* Berlin: Waxmann.

ALONSO, G.; BLUMENTRITT, M.; OLDEROG, T.; SCHWESIG, R. (2017): *Strategien für den Lernerfolg berufstätiger Studierender: Empirische Analysen zum Lernverhalten.* Wiesbaden: Springer Verlag.

BACKHAUS-MAUL, H. (2015): *Service Learning mit internationalen Studierenden: Konzeption, Erfahrungen und Umsetzungsmöglichkeiten.* Weinheim: Beltz Juventa.

BANDURA, A. (1976): *Lernen am Modell. Ansätze zu einer sozial-kognitiven Lerntheorie.* Stuttgart: Klett.

BAUMAN, Z. (2009): *Gemeinschaften. Auf der Suche nach Sicherheit in einer bedrohlichen Welt.* Frankfurt a. M.: Suhrkamp.

BOOS, M.; FISCHER, J. (2016): *Integrationstandems und Supervised Networking.* Unveröffentlichtes internes Arbeitspapier. Universität Göttingen.

BRINKER, T. (2014): *Qualitätskriterien für den Erwerb und die Förderung von Schlüsselkompetenzen an Hochschulen.* In: Heyse, V. (Hrsg.) (2014): Aufbruch in die Zukunft. Erfolgreiche Entwicklungen von Schlüsselkompetenzen in Schulen und Hochschulen. Münster: Waxmann. S. 213–234.

FISCHER, J.; CHOUISSA, C.; DUGOVIČOVÁ, S.; VIRKKUNEN-FULLENWIDER, A. (2011): *Guidelines for task-based university language testing.* Strasbourg: Council of Europe.

GAYK, F. (2005): *SQ 21 – Schlüsselqualifikationen im 21. Jahrhundert. Ergebnisbericht. Eine empirische Untersuchung mit 5456 Studierenden, 157 Hochschulvertretern und 129 Unternehmensvertretern.* http://www.sq21.de (10.08.2016).

GUGGENBERGER, H.; KELLERMANN P.; SAGMEISTER, G. (2001): *Wissenschaftliches Studium und akademische Beschäftigung. Vier Jahre nach Studienabschluss – Ein Überblick. Forschungsbericht.* Klagenfurt: Institut für Soziologie der Universität Klagenfurt.

HEYSE, V. (2014): *Entwicklung von Schlüsselkompetenzen in deutschen Hochschulen. Bilden deutsche Hochschulen wirklich kompetente Fachleute aus?* In: Heyse, V. (Hrsg.) (2014): Aufbruch in die Zukunft. Erfolgreiche Entwicklungen von Schlüsselkompetenzen in Schulen und Hochschulen. Münster: Waxmann. S. 201–212.

HÜTHER, G. (2014): *Die Bedeutung der Lern- und Beziehungskultur für den Erwerb von Schlüsselkompetenzen.* In: Heyse, V. (Hrsg.) (2014): Aufbruch in die Zukunft. Erfolgreiche Entwicklungen von Schlüsselkompetenzen in Schulen und Hochschulen. Münster: Waxmann. S. 66–70.

KOHLER, J. (2004): *Schlüsselkompetenzen und „employability" im Bologna-Prozess.* In: Stifterverband für die Deutsche Wissenschaft (Hrsg.) (2004): Schlüsselkompetenzen und Beschäftigungsfähigkeit. Vermittlung überfachlicher Qualifikationen an Hochschulen. Positionen, Juni 2004. Essen: Stifterverband für die Deutsche Wissenschaft. S. 5–15.

KOLB, D. A. (2007): *Kolb Lernstil-Inventar.* Arbeitsbuch Version 3.1. Frankfurt: Hay Group.

KOLB, D. A. (2015): *Experiential learning: Experience as the source of learning and development.* 2. Auflage. New Jersey: Pearson Education.

LITTLE, B.; BRAUN, E.; TANG, W. (2008): *Competences possessed and required by European graduates. REFLEX. Report to HEFCE by Centrefor Higher Education Research and Information.* The Open University, Bristol: HEFCE.

MINKS, K. H.; SCHAEPER, H. (2002): *Modernisierung der Industrie- und Dienstleistungsgesellschaft und Beschäftigung von Hochschulabsolventen – Ergebnisse aus Längsschnittsuntersuchungen zur beruflichen Integration von Hochschulabsolventinnen und -absolventen.* Hochschulplanung Band 159. Hannover: HIS.

OECD (2005): *Problem solving for tomorrow's world: First measures of cross-curricular competencies from PISA 2003.* Paris: OECD.

ORTH, H. (1999): *Schlüsselqualifikationen an deutschen Hochschulen. Konzepte, Standpunkte und Perspektiven.* Neuwied: Luchterhand.

REINDERS, H. (2016): *Service Learning – theoretische Überlegungen und empirische Studien zu Lernen durch Engagement*. Weinheim: Beltz Juventa.

ROLOFF, S. (2005): *Prüfungen in der Hochschullehre*. In: Stelzer-Rothe, T. (Hrsg.) (2005): Kompetenzen in der Hochschullehre. Rüstzeug für gutes Lehren und Lernen an Hochschulen. Rinteln: Merkur Verlag. S. 310–342.

SCHÄFER, M. (2004): *Lernstile und e-Learning: Entwicklung und Erprobung eines Kategoriensystems zur Analyse von Lernstilen in problemorientierten virtuellen Seminaren*. Unveröffentlichte Diplomarbeit. Bergische Universität Wuppertal.

SCHAEPER, H.; BRIEDIS, K. (2004): *Kompetenzen von Hochschulabsolventinnen und Hochschulabsolventen, berufliche Anforderungen und Folgerungen für die Hochschulreform*. Hannover: HIS.

SENNETT, R. (2008): *Verfall des öffentlichen Lebens. Tyrannei der Intimität*. Frankfurt a. M.: Fischer Verlag.

SIMONS, P. R. J. (1992): *Lernen, selbständig zu lernen – ein Rahmenmodell*. In: Mandl, H.; Friedrich, H. F. (Hrsg.): Lern- und Denkstrategien – Analyse und Intervention. Göttingen: Hogrefe. S. 251–264.

STIFTERVERBAND (Hrsg.) (2016): *Hochschulbildung für die Arbeitswelt 4.0. Hochschul-Bildungs-Report 2020. Jahresbericht 2016*. Essen: Edition Stifterverband.

VOSS, G.; EGBRINGHOFF, J. (2004): *Der Arbeitskraftunternehmer. Ein neuer Basistyp von Arbeitskraft stellt neue Herausforderungen an die Betriebe und an die Beratung*. In: Zeitschrift Supervision 3/2004. S. 19–27.

WEINERT, P.; BAUKENS, M.; BOLLÉROT, P.; PINESCHI-GAPÈNNE, M.; WALWEI, U. (2001): *Employability: From Theory to Practice*. New Brunswick, London: Transaction Publishers.

WILDT, J.; WILDT, B. (2011): *Lernprozessorientiertes Prüfen im „Constructive Alignment". Ein Beitrag zur Förderung der Qualität von Hochschulbildung durch eine Weiterentwicklung des Prüfungssystems*. In: Berendt, B. (Hrsg.); Voss, Hans-Peter (Hrsg.); Wildt, Johannes (Hrsg.): Neues Handbuch Hochschullehre. Lehren und Lernen effizient gestalten. [Teil] H. Prüfungen und Leistungskontrollen. Weiterentwicklung des Prüfungssystems in der Konsequenz des Bologna-Prozesses. Berlin: Raabe (2011).

Vortrag

Holger Ehlert

Das „MenteeModul" der Studierendenakademie der Heinrich-Heine-Universität Düsseldorf

Liebe Kolleginnen und Kollegen,
sehr geehrte Damen und Herren,

herzlich willkommen auch von meiner Seite hier im Haus der Universität der Heinrich-Heine-Universität Düsseldorf![1]

Ich möchte zunächst mit Heinrich Heine, dem Namenspatron dieser Hochschule, der unweit von diesem Ort geboren wurde, beginnen:

Heine beginnt sein Jura-Studium vor fast 200 Jahren 1819 in Bonn. Unsere Düsseldorfer Universität wird erst 1965 gegründet und kam daher für Harry Heine noch nicht in Frage. Bekanntlich erreicht sie zunächst weltweit traurige Berühmtheit, weil sie sich gut zwei Jahrzehnte verweigert, den Namen Heinrich Heines zu tragen.

Wenn Sie der gegenwärtigen Fussball-Europameisterschaft in Heines späterer Wahlheimat Frankreich bereits müde geworden sind, seien Sie herzlich eingeladen, nach dem Abendessen mit mir zusammen einen kleinen Heine-Rundgang durch die Düsseldorfer Altstadt zu unternehmen.

Nach ersten akademischen Gehversuchen in der damals jungen Bonner Universität studiert er noch in der damaligen Jura-Hochburg Göttingen und in der preussischen Metropole Berlin (Im ersten Göttinger Semester landet Heine übrigens aufgrund einer Duellforderung im Karzer und wird für ein

---

[1] Der Abdruck des Beitrages erfolgt hier in nur unwesentlich lektorierter Form des Vortragsmanuskriptes.

halbes Jahr von der Universität relegiert sowie wegen Verletzung des Keuschheitsprinzips aus der Burschenschaft ausgeschlossen.). Neben dem eigentlichen Jura-Studium betreibt er ein interdisziplinär ausgerichtetes und unter anderem vom reichen Hamburger Bankiersonkel Salomon Heine finanziertes Studium. Unübertroffen ist das überlieferte Bonmot eben dieses Gönners und Hamburger Millionärs, von dem heute – ohne das Werk Heinrich Heines – wahrscheinlich kaum mehr die Rede wäre, in Bezug auf seinen Neffen: „Hätt' er gelernt was Rechtes, müsst er nicht schreiben Bücher".

Besonders Vorlesungen der Philosophie, unter anderem bei Georg Wilhelm Friedrich Hegel in Berlin oder zur Literatur bei August Wilhelm Schlegel in Bonn werden Heine zeitlebens beeinflussen.

Bereits während des Studiums veröffentlicht der junge Autor erste Texte, schreibt Theaterstücke und knüpft wichtige Kontakte in die Kulturszene seiner Zeit. Aus heutiger Perspektive betrachtet sammelt Heine bereits studienbegleitend sinnvolle Praxiserfahrungen hinsichtlich seines späteren Berufes als Autor und Journalist, macht erste Reise- und Auslandserfahrungen und betreibt ein sehr engagiertes und erfolgreiches Networking, während das eigentliche Jura-Studium eher am Rande stattfindet. Heine ist vergleichsweise ein Langzeitstudent, der das Studium aber letztlich doch mit der Promotion als Doktor beider Rechte abschließt, jedoch zeitlebens nie als Jurist arbeiten wird. Wohl aber als erfolgreicher Journalist und Dichter, der schließlich als wahrscheinlich bekanntester deutscher Klassiker – neben Goethe und Schiller – in die deutsche Literaturgeschichte eingeht.

Sie fragen sich jetzt bereits seit Minuten, warum ich Ihnen diese Geschichte erzähle, wo es doch laut Ankündigung um unser neues „MenteeModul" gehen soll. Nun, zum einen ist der Vortragende selbst ein Düsseldorfer Germanist und zum anderen steht Heines oberflächlich betrachtet orientierungsloses Langzeitstudium, sein studentisches Irren und Wirren, sein Leiden und seine Kritik an den als nicht sinnvoll erachteten Studieninhalten und Vermittlungsformen sowie den unsicheren Berufsperspektiven für eine bis heute charakteristische Problematik vieler Studierender, selbst wenn die Ursachen hierfür natürlich nicht alle auf die Gegenwart übertragen werden können. Eine These darf jedoch lauten, dass Heine unser „MenteeModul" der Studierenakademie, so es denn ein solches Angebot während seines Studiums gegeben hätte – auch und mit Gewinn frequentiert hätte! Im Folgenden will ich Ihnen dieses neue Modul

1. hinsichtlich seiner Zielsetzungen und Zielgruppen beschreiben,
2. die Konzeption des Moduls erläutern,
3. das „MenteeModul" in den Angebotskontext der Düsseldorfer Studierendenakademie einordnen,
4. erste Erfahrungen mit der Durchführung des Moduls referieren und die Evaluationsergebnisse der Pilotphase zusammenfassen und
5. abschließend mit Ihnen sehr gerne diskutieren.

1. Zielsetzung und Zielgruppe

In der Pilotphase des „MenteeModuls" konzentrieren wir uns zunächst auf die Bachelorstudierenden der Philosophischen Fakultät. Mittelfristiges Ziel ist es, ein entsprechendes Angebot als studienbegleitendes Kompetenzcoaching für die Studierenden aller Fakultäten der HHUD in den kommenden Semestern zu etablieren. Die HHUD ist eine vergleichsweise mittelgroße Universität mit fünf Fakultäten und derzeit cirka 30.000 Studierenden. Leitend bei der Konzeption des „MenteeModuls" war folgende Überlegung: Bachelorstudierenden wird in der Regel insbesondere in der Studieneinstiegsphase und in der -endphase ein vielschichtiges Service- und Supportangebot seitens der Hochschulen zur Verfügung gestellt. Wir alle kennen diese Angebote, angefangen bei Erstsemestereinführungen, den Erstsemestertutorien, der Studienberatung, bis hin zu den fachorientierten Angeboten am Studienende wie Examenskolloquien etc. sowie den „externen" Beratungsangeboten. In der eigentlichen Kernphase des Bachelorstudiums, ich nenne sie – in Anlehnung an ein bekanntes soziologisches Phänomen zumeist nur meiner Altersgruppe – die „Midstudy crisis-Phase", lässt die Hochschule ihre Studierenden jedoch weitestgehend alleine, wenn es nicht um die konkreten Fachinhalte geht. Doch gerade jetzt, im Anschluss an die Studieneinstiegsphase, nach der ersten Orientierungsphase also, entscheidet sich jedoch maßgeblich, wohin und wie die akademische Reise weiter verlaufen wird. Anders und in den derzeit so fussballbewegten

Holger Ehlert

Zeiten einmal im übertragenden Sinne so formuliert: Jetzt – in der mittleren Phase des Bachelorstudiums – geht es entweder um den Klassenerhalt in der Bundesliga, einen guten Tabellenplatz, ja vielleicht sogar um die Meisterschaft oder aber auch um den Abstieg in die zweite Liga. Es ist somit auch die Zeit der Weichenstellung für den potenziellen Einzug in die Champions League – in unserem Kontext also um den Zeitraum für die Schaffung der Voraussetzungen und die Entwicklung der Motivation für das Master-Studium!

Aufgrund vielfältiger Veränderungen im europäischen und nationalen Kontext haben sich das Studium und die Rahmenbedingungen bekanntlich seit Beginn des Bologna-Prozesses deutlich gewandelt. Beispielsweise hat sich das Studieneintrittsalter der Studierenden in Deutschland aufgrund der Abschaffung der Wehrpflicht bzw. des Zivildienstes und des 13. Schuljahres an Gymnasien als auch die Studienverweildauer in Deutschland insgesamt verringert. Ein niedrigeres Lebensalter geht unter anderem jedoch meist einher mit einer geringeren Lebenserfahrung und den damit zusammen hängenden sozialen Implikationen und produziert fast zwangsläufig entsprechend höhere, aber auch andere Bedarfe bezüglich der Beratungs- und Betreuungsangebote innerhalb ausbildender Institutionen.

Aufgrund sich kontinuierlich wiederholender Kritik von Studierenden hat sich nicht nur bei vielen Lehrenden der Eindruck manifestiert, dass sich insbesondere der Leistungs- und Erfolgsdruck von Studierenden, gekoppelt mit der Sorge um einen adäquaten Arbeitsplatz, trotz faktisch weiterhin vergleichsweise geringer Akademikerarbeitslosenquoten, in den letzten Jahren stetig weiter erhöht hat. Dass eigentlich alle relevanten Erhebungen diese Einschätzung durch valide Ergebnisse untermauern dürfte, zumal in der Kombination, ausreichend Anlass geben, die Problematik stärker als bisher in den Blick zu nehmen. So erscheint es vor dieser Folie als wenig verwunderlich, wenn auch umso besorgniserregender, dass derzeit gut 40 % der studentischen Erkrankungen eine psychologisch bedingte Ursache zugeordnet wird und entgegen aller Zielsetzungen auch die Studienabbrecherquote anhaltend hoch ist.[2]

---

2 Cirka ein Drittel der 2010/11 erstimmatrikulierten Bachelorstudierenden haben Ihr Studium abgebrochen (27 % an Fachhochschulen und 32 % an Universitäten). In konkreten Zahlen bedeutet dies, dass im Mittel und bezogen auf alle Hochschularten 29 von 100 Studierenden ihr Bachelorstudium

Neben den gemeinhin als selbstverständlich erachteten Bestrebungen um eine fachlich exzellente Forschung und Lehre sollten die Hochschulen daher auch das Engagement im Bereich der überfachlichen Angebote und Serviceleistungen stetig weiter optimieren.[3] Entsprechend lauten beispielsweise auch die Empfehlungen des neuen Hochschul-Bildungsreports des Stifterverbandes und des Beratungsunternehmens McKinsey:

> Einen größeren Raum sollten in der Hochschulbildung zukünftig auch die überfachlichen Kompetenzen einnehmen. 71 Prozent der Unternehmen halten sie in den Curricula von morgen für wichtiger.[4]

Ebenso würden Sprachen und Praxiserfahrung stärker in den Vordergrund treten, so der Stifterverband weiter. Um den Studierenden den Berufseinstieg zu erleichtern, müssten die Hochschulen, laut der Studie, berufsorientierende Kompetenzen stärker mit den Inhalten der einzelnen Fächer verzahnen. Im Kontext des Gesamtprofils der Düsseldorfer Studierendenakademie setzt das hier vorgestellte „MenteeModul", organisiert in einem didaktisch fundierten Dreischritt, entsprechend die Prioritäten. Als studienbegleitendes, modularisiertes und kreditiertes Angebot, verortet im fachübergreifenden Wahlbereich, setzt es in Düsseldorf neben der primär wirtschaftlichen Ausbildung, Schwerpunkte in den Bereichen Studienorientierung, Praxis- und Berufsorientierung, Sprachen und Schlüsselkompetenzen.[5]

---

abbrechen! Vgl.: Ulrich Heublein/Julia Ebert/Christopher Hutzsch/Sören Isleib/Richard König/Johanna Richte/Andreas Woisch: Zwischen Studienerwartungen und Studienwirklichkeit. Ursachen des Studienabbruchs, beruflicher Verbleib der Studienabbrecherinnen und Studienabbrecher und Entwicklung der Studienabbruchquote an deutschen Hochschulen. In: Forum Hochschule 1 | 2017, S. 263. Deutsches Zentrum für Hochschul- und Wissenschaftsforschung.

3   Vgl. diesbezüglich zuletzt beispielsweise Mitteilungen der Deutschen Hochschulrektorenkonferenz (HRK), des Bundesministerium für Bildung und Forschung (BMBF), des Bundesverbandes der Deutschen Industrie (BDI), der Bundesvereinigung der Deutschen Arbeitgeberverbände (BDA) oder auch der Kultusministerkonferenz (KMK). Ähnliche Empfehlungen z. B. vergleichbarer europäischer Institutionen lassen sich auch innerhalb der EU konstatieren. Siehe hierzu u. a. auch: KMK: Qualifikationsrahmen für deutsche Hochschulabschlüsse (Im Zusammenwirken von Hochschulrektorenkonferenz und Kultusministerkonferenz und in Abstimmung mit Bundesministerium für Bildung und Forschung erarbeitet und von der Kultusministerkonferenz am 16.02.2017 beschlossen.).

4   Siehe: Hochschul-Bildungsreport 2020 des Stifterverbandes und des Beratungsunternehmens McKinsey. Jahresbericht 2016: Hochschulbildung für die Arbeitswelt 4.0. http://hochschulbildungsreport2020.de.

5   Entwickelt wurde das „MenteeModul" zusammen mit den Kolleginnen Frau Claudia Boes, Frau Dominique Brasseur, Frau Dr. Ilke Kaymak und Frau Dr. Nina Leibinnes. „Marktwert und Karrierechancen hängen im späteren Beruf von eben diesen Schlüsselkompetenzen" ab. Vgl.: Zervakis, Peter A.: Aufbrechen liebgewonnener Gewohnheiten. In: ACADEMIA, 1, S. 17–19. 2010.

2. Konzeption des Moduls

2.1 Modulübersicht

- Das „MenteeModul" wird nach vollständigem und erfolgreichen Abschluss mit 6 Kreditpunkten kreditiert.
- Die Studierenden erhalten ein Zertifikat.
- Die Teilnahme ist freiwillig.
- Zielgruppe sind Bachelorstudierende des 3. und 4. Semesters.

Abb. 1: Das „MenteeModul"

2.2 Modulteil A: Sensibilisierung und Professionalisierung

In das „MenteeModul" steigen die Studierenden mit dem Seminar „Perspektive Studium an der Philosophischen Fakultät" ein. Es unterstützt die Studierenden darin, ihr Studium erfolgreich weiterzuführen und erfolgreich abzuschließen.

Darüber hinaus werden die Möglichkeiten aufgezeigt, die ein absolviertes geistes-, kultur- oder sozialwissenschaftlich ausgerichtetes Studium bietet, wie es der Ablaufplan des Seminars auf der folgenden Seite im Detail verdeutlicht:

Das „MenteeModul" der Studierendenakademie / Vortrag

Zeit	Thema	Methode	Material	Moderation
Tag 1				
10.00 Uhr	Begrüßung und Vorstellungsrunde mit Überleitung ins Thema	1) Vorstellungsrunde anhand von Gegenständen: Warum Studiengang / HHU, Ziele Studium und Beruf, Wo stehe ich jetzt gerade (dazu passender Gegenstand), 2) Kärtchenabfrage: Was erwarte ich vom Seminar – anschließende Einführung	Decke / Korb mit Gegenständen, Flipchart, Pinnwand, Moderationsmaterial	Holger, Nina
12.00 Uhr	Mittagspause	Alle: Ausliegende Flyer / Infomaterialien in Vorbereitung auf Nachmittag sammeln!		
13.00 Uhr	Angebote HHU, z.B. Studierendenakademie, SSC	Zurufliste, Handout und Diskussion	Flipchart	Holger
14.15 - 15.00 Uhr	Beispiel: Sprachkurs		Beamer, Flipchart, Moderationsmaterial	externeR ReferentIn (Claudia)
15.15 - 16.00 Uhr	Study Skills	Zurufliste und Diskussion	Flipchart	Claudia, Nina
ab 16.00 Uhr	Zusammenfassung und Ausblick	Abschlussrunde Hausaufgaben (Studienverlaufsplan)	Handout	Claudia Nina?
Tag 2				
10.00 Uhr	Begrüßung			
10.15 Uhr	Kurz-Workshop Rhetorik		Beamer, Flipchart, Pinn-wand, Moderationsmaterial	externeR ReferentIn (Holger)
11.00 Uhr	Kurz-Workshop Zeitmanagement		Beamer, Flipchart, Pinn-wand, Moderationsmaterial	externeR ReferentIn (Holger)
13.00 Uhr	Mittagspause			
14.00 Uhr	Gute Wissenschaftliche Praxis		Beamer, Flipchart, Pinn-wand, Moderationsmaterial	Holger
ab 17.00 Uhr	Reflexion Fortsetzung des Studienverlaufsplans	Abschlussrunde Hausaufgaben		Holger Nina
Tag 3				
10.00 Uhr	Perspektiven Berufsorientierung	Einleitung		Holger
10.30 Uhr	Career Service	stellt Berufsfelder und Angebote vor (PPP) Assessment Center Training	Beamer	Career Service
12.00 Uhr	Mittagspause			
13.00 Uhr	Berufspraktiker "Talkrunde"	Moderierte Gesprächsrunde: mind. 3 Gäste aus den relevanten Berufsfeldern		Holger
14.30 Uhr	Reflexion	In 2 Gruppen teilen: – Studienverlaufsplan vorstellen und besprechen – Selbstdarstellung "Wo stehe ich jetzt?" auf Flipchartbogen	Flipchart, Moderationsmaterial	Alle
ab 17.30 Uhr	Evaluation und Abschlussrunde	Was nehme ich mit (Koffer)? Was lasse ich hier (Papierkorb)?	2 Pinnwände	Dominique

Abb. 2: Seminarablaufplan „MenteeModul"

2.3 Modulteil B: Praxis

Die zweite Komponente des „MenteeModuls" beinhaltet einen ebenfalls dreitägigen, frei zu wählenden Workshop oder Kurs aus dem Gesamtangebot der Studierendenakademie. In der Summe stehen den Studierenden hier aktuell über 200 Einzelangebote pro Semester zur Verfügung. In dieser Modulphase können die Studierenden somit ihre Interessen und Begabungen durch unsere Veranstaltungen zu Zusatz- und Schlüsselkompetenzen, mit Workshops zur Berufsorientierung oder Sprachkursen vertiefen oder neue Erfahrungen sammeln.

Im internationalen aber auch nationalen Rahmen ist – nicht nur im Kontext der Employability der Graduierten – heute die relevanteste Schlüsselkompetenz die Herausbildung von Handlungskompetenz in Bezug auf konstruktive Verknüpfung des fachlich-theoretischen mit dem anwendungsorientiert-praktischen Wissen. Erfolgreiche Absolventinnen und Absolventen verfügen neben dieser zentralen zudem über einen bunten Strauß weiterer Schlüsselkompetenzen, den sie an vielen Hochschulen studienbegleitend aus einem Potpourri fachübergreifendener Angebote zumeist eigenverantwortlich zusammen stellen und zertifiziert, beziehungsweise auch kreditiert bekommen können.[6]

2.3 Modulteil C: Strategie / Reflektion

Die Teilnahme an dem Seminar „Reflektion und Strategieentwicklung" schließt das „MenteeModul" ab. Hier steht die Entwicklung individueller Zukunftsstrategien im Vordergrund. In kleinen Gruppen können die Teilnehmenden von einem intensiven Coaching profitieren, das ausgerichtet ist auf berufliche und wissenschaftliche Perspektiven und bei der Planung der nächsten Schritte unterstützt.

3. Das „Mentee-Modul" im Angebotskontext der Düsseldorfer Studierendenakademie

In der folgenden Grafik sehen Sie die einzelnen Abteilungen der Düsseldorfer Studierendenakademie.

Nur aufgrund der engen Verzahnung und der Nutzung von Synergieefekten innerhalb der Akademie sind Angebotsformen wie das neue „MenteeModul" überhaupt denk- und realisierbar.

---

6 Vgl. hierzu u. a.: Fachgutachten zur Kompetenzorientierung in Studium und Lehre. HRK-Fachgutachten, ausgearbeitet für die HRK von Niclas Schaper – unter Mitwirkung von Oliver Reis und Johannes Wildt sowie Eva Horvath und Elena Bender. Nexus. 2012.

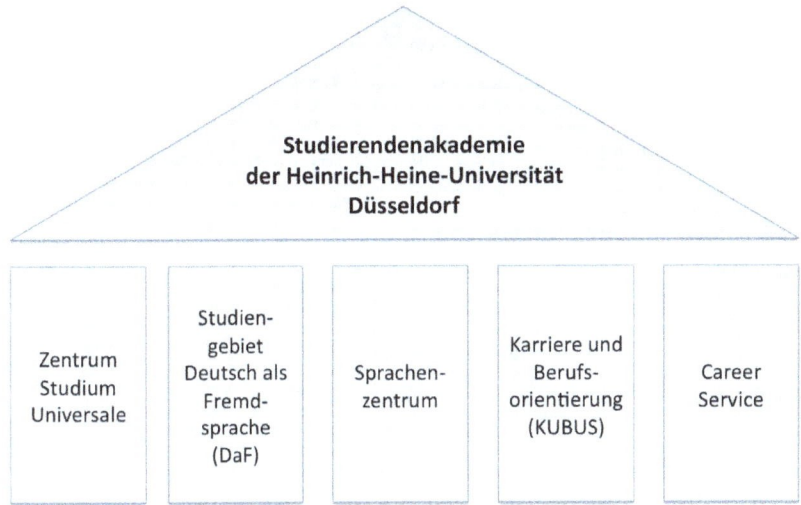

4. Evaluation der Pilotphase / Qualitätssicherung des „MenteeModuls"

Da sich das Modul derzeit noch in der Pilotphase befindet, konnte bislang nur direktes Feedback seitens der Teilnehmenden entgegengenommen werden, das ausnahmslos überaus positiv ausfällt. Die Online-Evaluationsergebnisse und deren Auswertungen stehen noch aus. Grundsätzlich werden alle Modulteile des „MenteeModuls" durch die Studierenden evaluiert und die Ergebnisse veröffentlicht.

5. Diskussion im Plenum

Sie haben gesehen, dass dieses Modul hinsichtlich der Konzeption und Durchführung zu den anspruchsvolleren Varianten innerhalb unseres Veranstaltungsangebotes zu zählen ist und daher nicht nur viel Engagement, einen hohen personellen Einsatz und somit letztlich auch viele Mittel bindet.[7] Inwiefern

---

[7] Im Nachgang zur Tagung musste im Rahmen allgemeiner Haushaltskonsolidierungen leider die Weiterführung des Projektes unterbrochen werden.

Holger Ehlert

es möglich ist, das erfolgreiche Pilotprojekt an der HHUD in eine größere Angebotsform zu überführen wird die Zukunft zeigen.

In dem Reisebild „Die Bäder von Lucca" heißt es bei Heine treffend – und damit möchte ich schließen:

> Was ist Geld? Geld ist rund und rollt weg, aber Bildung bleibt. [8]

Vielen Dank für Ihre Aufmerksamkeit!

---

[8] Heinrich Heine: Die Bäder von Lukka. In: Düsseldorfer Heine-Ausgabe (DHA). Historisch-kritische Gesamtausgabe der Werke. Bd. 7/1. Hoffmann und Campe. Hamburg, 1986. S. 94.

Kapitel II
Über die Erwartungen hinaus ...

Panels

Panelprogramm

Tag 1

- Panel A1:
  Was bedeutet eine zeitgemäße akademische Bildung als offenes Programm?
  - *Expertin: Ursula Konnertz M. A., Tübingen*
  - Was bedeutet es für das Nachdenken über Lehre, wenn das Studium nicht nur eine Zeit des beruflich relevanten, vor allem fachlichen Wissenserwerbs und der Aneignung von überfachlichen Schlüsselqualifikationen für die berufliche Handlungsfähigkeit ist, sondern wenn es auch die Schulung kritischen Denkens, soziale und politische Bildung, die Stärkung ethischer und ästhetischer Urteilskraft, also die Persönlichkeitsentfaltung der Studierenden ermöglichen soll?
- Panel A2:
  Wissenschaft nur noch auf Englisch? Plädoyer für die Mehrsprachigkeit von Wissenschaft
  - *Experte: Prof. Dr. Bernd F. W. Springer, Barcelona*
  - Wir brauchen Deutsch als Wissenschaftssprache, um im deutschsprachigen Raum die Freiheit und Verantwortung von Wissenschaft zu garantieren. Denn eine Wissenschaft, in der das Denken nicht mehr frei ist und die sich vor der Gesellschaft nicht mehr verantworten muss, kann zu einer Gefahr für diese Gesellschaft werden.
- Panel A3:
  Man kann nicht nicht kommunizieren – aber falsch. Was Kompetenz bei Kommunikation bedeutet und wie man sie vermittelt.
  - *Experte: Prof. Dr. Ulf Boes, Düsseldorf*
  - Kommunikationskompetenz ist das Können, reale Ziele durch Information zu verwirklichen. Das Panel diskutiert die Kommunikationsziele von Studierenden und die Wege entsprechender Kompetenz-Vermittlung.
- Panel A4:
  ‚Mehr als nur Sprachunterricht!' – Welche (weiteren) Schlüsselkompetenzen vermitteln wir im Fremdsprachenunterricht?
  - *Experten: Prof. Dr. Gardenia Alonso, Stuttgart / Dr. Johann Fischer, Göttingen*

- Sind Fremdsprachen eine Querschnittskompetenz? In diesem Panel soll diskutiert und erörtert werden, welche anderen Kompetenzen noch im Fremdsprachenunterricht ausgebaut werden können.
- Panel A5:
Praxis- u. Berufsorientierung an Hochschulen I – Programme u. Konzepte
  - *Experten: Dominique Brasseur M. A. / Holger Ehlert M. A., Düsseldorf*
  - Vertreterinnen und Vertreter der praxis- und berufsorientierenden Angebote, der Career Services und der Hochschulforschung sind eingeladen, sich über ihre Arbeit auszutauschen und die Situation an deutschsprachigen Hochschulen vor der Folie des Bologna-Prozesses zu diskutieren. Ausgewählte Programme und Konzepte werden dabei exemplarisch vorgestellt.
- Panel A6:
Selbstpräsentation in Web 2.0 – welche Schlüsselqualifikationen sind hier wichtig?
  - *Expertin: Elke Muddemann-Pulla, Dipl-Päd., Dipl. Soz-Päd., Ratingen*
  - Wie präsentiert man sich geschickt im Web 2.0 bei Jobsuche und Berufseinstieg? Im Vortrag gibt es Tipps für ein aussagekräftiges Profil und eine gelungene Selbstpräsentation in beruflichen Netzwerken.

Tag 2

- Panel B1:
Zeitgemäße überfachliche akademische Bildung in der konkreten Praxis
  - *Expertin: Ursula Konnertz M. A., Tübingen*
  - Welche Inhalte, welche Organisationsformen und welche Lehrformate sind für das Bildungsziel Persönlichkeitsentfaltung geeignet?
- Panel B2: Ohne Kulturwissenschaften kein Europa. Vom Nutzen sprachlich-kulturellen Wissens für die Verständigung mit unseren Nachbarn
  - *Experte: Prof. Dr. Bernd F. W. Springer, Barcelona*
  - Der Vortrag zeigt kulturelle Missverständnisse auf, die die Verständigung erschweren, und fragt nach sprachlich-kulturellen Kompetenzen als Grundlage einer Verständigung, die über bloße Faktenvermittlung

hinausgeht. Schließlich wird die These aufgestellt, dass ohne diese Fähigkeiten ein Europa der Bürger unmöglich ist.
- Panel B3:
Handlungs- und Kompetenzorientierung im Bereich des Lehrens, Lernens und Überprüfens von Fremdsprachenkompetenzen
  - *Experten: Prof. Dr. Gardenia Alonso, Stuttgart / Dr. Johann Fischer, Göttingen*
  - Es soll diskutiert werden, wie wir Studierende auf fremdsprachliche Bedürfnisse im Kontext von Studium und anschließender Arbeitswelt optimal vorbereiten können.
- Panel B4:
Praxis- und Berufsorientierung an Hochschulen II – Perspektiven und Herausforderungen
  - *Experten: Dominique Brasseur M. A. / Holger Ehlert M. A., Düsseldorf*
  - Präsentation des Düsseldorfer Forschungsprojektes „Studienbegleitende Angebote zur Praxis- und Berufsorientierung an Hochschulen im deutschsprachigen Raum 2016" mit anschließender Diskussion über die Perspektiven und zukünftigen Herausforderungen der Praxis- und Berufsorientierung im Wissenschaftskontext.
- Panel B5:
Kompetenzbedarf beim Übergang von der Hochschule in den Beruf
  - *Expertin: Sabine Klüner M. A., Hamburg*
  - Studium beendet, und wie geht's weiter? Welche Kompetenzen – neben den fachlichen – brauchen Absolventen, um in der Arbeitswelt Fuß zu fassen, und wie können Career Center oder andere Serviceeinrichtungen der Hochschule sie dabei lancieren?
- Panel B6:
Überfachliche Angebote in der Hochschulstruktur
  - *Expertinnen: Dr. Simone Kroschel, Köln / Natalie Böddicker, Düsseldorf*
  - Das Panel diskutiert die Möglichkeiten für Hochschulen, Angebote zum überfachlichen Kompetenzerwerb organisatorisch zu verorten. Dabei wird auch auf die Anforderungen an Hochschulen für diesen Kompetenzbereich (z. B. im Rahmen von Akkreditierungen) eingegangen.

Panel A2

Bernd F. W. Springer

Wissenschaft nur noch auf Englisch? Plädoyer für die Mehrsprachigkeit von Wissenschaft

Die Kernthese des Vortrags lautet: Der international sich vollziehende Verlust der Mehrsprachigkeit von Wissenschaft und, im deutschen Sprachraum, der Niedergang von Deutsch als Wissenschaftssprache schadet der Freiheit von Erkenntnis, der kulturellen Verständigung und der Verankerung der Wissenschaft in der Gesellschaft.

1. Grundsätzliche Positionen zur Mehrsprachigkeit von Wissenschaft

Im Prinzip stehen sich zwei Positionen gegenüber. Die erste behauptet: Wissenschaft soll es weltweit nur noch in einer Sprache geben, nämlich Englisch. Das bietet die Möglichkeit, sich *weltweit* mit *mehr* Forschern und *schneller* über wissenschaftliche Ergebnisse austauschen zu können. Hinzu kommt das Argument, die angelsächsischen Zeitschriften seien die angesehensten und daher lohne es sich für einen Forscher nur noch, dort zu publizieren – in English, *what else?*

Beim letzteren Argument geht es im Kern um den *Impact Factor* (IF), das heißt um die Häufigkeit, mit der wissenschaftliche Arbeiten zitiert werden. Das Ganze unterliegt nichtstaatlichen, kommerziellen, amerikanischen Bewertungsagenturen, die logischerweise englischsprachige Publikationen überbewerten. Denn was nicht alle Welt lesen kann, weil nicht alle Welt Deutsch, Französisch, Russisch oder Japanisch spricht, das wird – quantitativ – seltener zitiert und gilt folglich als – qualitativ – minderwertig. Es *zählt* im wahrsten

Sinne des Wortes nicht mehr. Ergebnis: Alle nicht-angelsächsische Forschung wird zunehmend als zweitklassig eingestuft.

Wer in einer US-amerikanischen Zeitschrift publizieren will, muss die neuesten angelsächsischen Arbeiten zitieren (und zwar möglichst derjenigen Schulen, die im wissenschaftlichen Beirat der Zeitschrift vertreten sind). Umgekehrt müssen US-Forscher nicht-amerikanische Artikel nicht einmal zur Kenntnis nehmen, geschweige denn zitieren. Ja mehr noch: In englischsprachigen Publikationen werden teilweise sogar Fußnoten gestrichen, die Verweise auf deutsche Titel enthalten.[1]

So ist – vorsichtig formuliert – aus der sprachlichen zugleich eine inhaltliche Dominanz entstanden. Die negativen Konsequenzen, die dies für andere Wissenschaftssprachen, ihre Gesellschaften und den wissenschaftlichen Nachwuchs hat, nimmt man ohne jeden Skrupel in Kauf. Dort werden zukünftige Generationen in ihrer eigenen Sprache keine Worte mehr haben, in denen sie ihr Wissen ausdrücken können, sie werden ihre kulturelle und wissenschaftliche Herkunft vergessen, wenn etwa deutsche, französische, italienische oder spanische Bibliografien völlig aus dem Gedächtnis verschwinden und es wird in diesen Gesellschaften dann auch kein eigenständiger öffentlicher Diskurs mehr möglich sein über Fragen der Atom- und der Gentechnik, der Bioethik usw.

Die zweite Position vertritt das Ideal der Mehrsprachigkeit von Wissenschaft. Sie hält sowohl an dem Ideal der Freiheit von Wissenschaft als auch an dem Ideal eines Dialogs zwischen Wissenschaft, Politik und Gesellschaft fest – und sie ist kritisch gegenüber einer Wissenschaft, die ihre Freiheit als eine Freiheit von dieser Verantwortung missinterpretiert. Zu dieser Verantwortung gehören sowohl die Respektierung ethischer Grenzen, als auch die Verpflichtung, durch Forschung und Lehre den allgemeinen Bildungs- und Kenntnisstand der sie mit Steuermitteln finanzierenden Gesellschaften zu fördern.

Um keine Missverständnisse aufkommen zu lassen: Mehrsprachigkeit von Wissenschaft ist keine Infragestellung des Englischen als internationaler Wissenschaftssprache. Mehrsprachigkeit von Wissenschaft bedeutet vielmehr:

---

1 Thomas Vitzthum: This Kant be true! In: Die Welt (27.1.2013).

Die unhinterfragte, internationale Wissenschaftssprache Englisch koexistiert mit einzelnen Nationalsprachen, die sich aufgrund einer jahrhundertealten Forschungstradition ebenfalls als voll funktionsfähige Wissenschaftssprachen erwiesen und etabliert haben, und zwar sowohl in der Forschung als auch in der Verbreitung der Forschungsergebnisse und vor allem in der Lehre, also im Studium und in der Schule.

Zu den Argumenten für den Erhalt einer mehrsprachigen Wissenschaft zählen u. a. folgende:

a. Die Bedeutung von Sprache als Mittel der Ausübung von (Deutungs-) Macht und Herrschaft

Welche Theorien sich durchsetzen und welche nicht, wird sprachlich diskursiv vor einem Publikum ausgehandelt. Die Diskursanalyse hat in den vergangenen Jahrzehnten vor allem eine Erkenntnis immer wieder herausgestellt, nämlich, dass Diskursfragen Machtfragen sind.

b. Es gibt keine sprachlich voraussetzungslose Wissenschaft

Erstens müssen die wissenschaftlichen Fragestellungen sprachlich formuliert werden, zweitens müssen die Erkenntnisresultate sprachlich adäquat fixiert werden, drittens muss der Prozess des wissenschaftlichen Fragens und Antwortens selbst sprachlich verhandelt werden und viertens müssen sich neue Erkenntnisse bei Kollegen gegen bestehende Erkenntnisse durchsetzen.[2]

Wie dies sprachlich geschieht, ist eine hoch komplexe Angelegenheit, die etwas mit wissenschaftlichen Traditionen, Schulen, Denkstilen und Wissenschaftssprachkonventionen zu tun hat. Mit der Vielfalt der Sprachen wird auch die Vielfalt der Erkenntnismöglichkeiten eliminiert. Wissenschaft wird zunehmend einförmig, denn „Uniformität der Sprache bedeutet Uniformität des Denkens."[3]

---

[2] Vgl. Winfried Thielmann: Wissenschaftssprache(n): Sprachausbau – gnoseologische Differenz – Sprachausbau, in: Nicole Colin, Joachim Umlauf (Hrsg.): Mehrsprachigkeit und Elitenbildung im europäischen Hochschulraum, Synchron Verlag, Heidelberg, 2015, S. 31–43, hier: S. 31.

[3] Ralph Mocikat: Die Sprache in den Naturwissenschaften, in: Nicole Colin, Joachim Umlauf (Hrsg.): Mehrsprachigkeit und Elitenbildung im europäischen Hochschulraum, Synchron Verlag, Heidelberg, 2015, S. 57–67, hier: S. 64.

c. Die Sprachgebundenheit von Erkenntnis
Beispiele für die Verschiedenheit der Welterfassung durch die einzelnen Sprachen gibt es heute *en masse* – immer vorausgesetzt, dass die Behauptung nicht lautet, bestimmte logische bzw. gedankliche Operationen seien in gewissen Sprachen *unmöglich*, sondern: *sprachlich-kulturell nicht üblich*. Das aber ist entscheidend für die sprachliche Perspektivierung der Welt.

Die Frage, die sich nun stellt, lautet: Gilt das auch für Wissenschaftssprache? Die Frage, ob die Verschiedenheit der Welterfassung durch die einzelnen Sprachen auch für die Wissenschaftssprachen gelte, wird meistens, etwas vorschnell, verneint, etwa so: Wissenschaftssprachen seien keine Alltagssprachen, und die Perspektivität der Nationalsprachen sei kein Einwand gegen eine einheitliche, internationale Wissenschaftssprache.

Dem ist grundsätzlich entgegenzuhalten, dass die radikale Trennung von Alltags- und Wissenschaftssprache so in der Praxis gar nicht existiert, es handelt sich nicht um zwei absolut voneinander geschiedene sprachliche und intellektuelle Sphären, sondern um aufeinander bezogene Sphären. Auch die Naturwissenschaft entnimmt ihr Werkzeug bei der Beschreibung von neu Gefundenem der Alltagssprache. Denn der naturwissenschaftliche Erkenntnisprozess ist „nicht alleine geprägt von Messen und Beschreiben", „sondern hängt in erster Linie von der gedanklichen Generierung von Hypothesen ab, die erst in einem zweiten Schritt an der Wirklichkeit überprüft werden."[4] Für diese Generierung von Hypothesen spielt die Muttersprache mit ihrer Fülle an verfügbaren Sprachbildern, die eine erkenntnisleitende Funktion haben, eine nicht zu überschätzende Rolle. Tatsächlich ist in den Naturwissenschaften, nicht anders als in den Geisteswissenschaften, die Sprache nicht ein bloß kommunikatives Werkzeug, sondern auch ein kognitives Instrument. Das Ziel der Naturwissenschaften ist nicht die Beschreibung von Wahrheiten, die objektiv gegeben und sinnlich erfassbar wären, sondern die Konstruktion von Theorien, die nur in unserem Geist existieren und immer nur eine vorläufige Perspektive auf die Sachverhalte widerspiegeln, die den Sinnen nicht zugänglich sind. Die

---

4 Ralph Mocikat: Die Sprache in den Naturwissenschaften, in: Nicole Colin, Joachim Umlauf (Hrsg.): Mehrsprachigkeit und Elitenbildung im europäischen Hochschulraum, Synchron Verlag, Heidelberg, 2015, S. 57–67, hier: S. 64.

Naturwissenschaften können also bestenfalls eine Deutung der Wirklichkeit geben, sie aber nicht objektiv darstellen oder vollständig rekonstruieren. Und diese Deutung wird mittels Sprache erarbeitet und weiter vermittelt.

Die Vielfalt der Sprachen ist deshalb so wichtig, weil jede uns die Welt auf eine etwas andere Art entdecken lässt und keine einzelne Sprache die möglichen Weltansichten *alleine* ausschöpfen kann. Sprachenvielfalt bedeutet Erkenntnisvielfalt. In diesem Sinne sagte Jürgen Trabant: „Wie Biodiversität für die Natur, so ist Glossodiversität für den menschlichen Geist von höchster Bedeutung."[5] Es ist daher von höchster Wichtigkeit, auch für die Vitalität der Gemeinsprache, dass der Corpusausbau der Wissenschaftssprache Deutsch mit dem internationalen Erkenntnisfortschritt jederzeit Schritt hält.

d. Folgen einer falsch verstandenen Internationalisierung

Die Zahl englischsprachiger Aufbaustudiengänge ist von 2007 bis 2011 um 620 % gestiegen.[6] Um Internationalisierung zu erreichen, verzichtet man also gerade auf das, was Jahrhunderte lang alle Forscher und Intellektuellen ausgezeichnet hat, die von sich in Anspruch nahmen, über den nationalen Horizont hinauszublicken und ihr Denken für internationale Dimensionen zu öffnen, nämlich Mehrsprachigkeit. Zu den Folgen gehören, neben all dem bisher Gesagten, auch eine Reihe von Missständen, die die Integration von ausländischen Studenten und Forschern sowie die Qualität der Lehre betreffen.

Eine missverstandene Internationalisierung deutscher Hochschulen im Sinne von Forschung und Lehre nur noch auf Englisch senkt die Qualität der Lehre, geht auf Kosten der sozialen, emotionalen und kulturellen Integration der Gäste und verschlechtert zudem deren Chancen auf dem deutschen Arbeitsmarkt.

---

5 Jürgen Trabant: Was ist Sprache? München: Beck 2008, S. 93.
6 Internationalisierung der Hochschulen. Eine institutionelle Gesamtstrategie. Gutachten des Aktionsrates Bildung, hrsg. v. Vereinigung der Bayerischen Wirtschaft e.V., Münster: Waxmann, 2012. Zitiert bei: Ralph Mocikat: Die Sprache in den Naturwissenschaften, S. 58.

Bernd F. W. Springer

2. Forderungen

2010 verfasste der DAAD ein Memorandum, in dem es heißt:
> Die sprachliche Identität des Wissenschaftsstandortes Deutschland zu wahren und weiterzuentwickeln ist auch Aufgabe des DAAD selbst in seiner Rolle als weltweit aktiver Mittlerorganisation. Der DAAD verpflichtet sich daher, in der eigenen Kommunikation nach innen wie nach außen darauf zu achten, dass das Deutsche primär und das Englische und weitere Fremdsprachen in Ergänzung verwendet werden. Das Ziel der internationalen Verständigung soll auch hier in einer systematischen Mehrsprachigkeit sichtbar werden.[7]

Ein Jahr später sah sich auch die deutsche Hochschulrektorenkonferenz veranlasst, wie folgt Stellung zu nehmen:
> Bei Studierenden grundständiger Studiengänge erscheint es sinnvoll, zunächst die Kompetenz im Deutschen zu stärken, um ein sicheres wissenschaftliches Agieren zu ermöglichen. [...] Grundständige Lehrveranstaltungen sollten daher in der Regel deutschsprachig sein, bei Bedarf allerdings die Rezeption englischsprachiger und sonstiger fremdsprachiger Literatur einschließen.[8]

Es wäre daher wünschenswert, dass sich baldmöglichst eine Entideologisierung der Sprachenpolitik in der Wissenschaft durchsetzt und damit eine vernünftige Abwägung möglich wird, wann, wo, wieviel Mehrsprachigkeit in Forschung und Lehre sinnvoll ist.

Diskussionspunkte

Die Frage der Sprachgebundenheit von Erkenntnis stand im Mittelpunkt der anschließenden Diskussion. Es handelt sich dabei um einen strittigen Punkt, der mit einem Paradigmenwechsel in der internationalen Linguistik zu tun hat.

Die unter dem Paradigma der Universalgrammatik von Noam Chomsky stehende Linguistik versuchte nachzuweisen, dass alle Sprachen dieselbe Universalgrammatik mit denselben Grundbegriffen und einer vergleichbaren

---
7 Zitiert bei: Ralph Mocikat: Die Sprache in den Naturwissenschaften, S. 62.
8 Ebda. S. 62.

Systemkomplexität teilen, was im Grunde von niemandem bestritten wird. Die Frage ist, ob man, wie oftmals geschehen, daraus auch den Schluss ziehen darf, dass jeglicher Einfluss unserer Muttersprachen auf die Art und Weise unseres Denkens unwesentlich, ja trivial ist und dass wir im Grunde alle auf dieselbe Weise denken.[9] Diese Ansicht ist mit vielen Forschungsergebnissen der letzten 15 Jahre nicht mehr kompatibel.

---

9   Zusammenfassung des Forschungstands bei Guy Deutscher: Warum die Welt in anderen Sprachen anders aussieht. München: Beck 2010, S. 15.

Literaturverzeichnis

Nicole Colin, Joachim Umlauf (Hrsg.): *Mehrsprachigkeit und Elitenbildung im europäischen Hochschulraum*, Synchron Verlag, Heidelberg, 2015.

Guy Deutscher: *Warum die Welt in anderen Sprachen anders aussieht*. München: Beck 2010.

Deutscher Akademischer Austausch Dienst (DAAD) (Hrsg.): *Deutsch als Wissenschaftssprache. Tagungsbeiträge*. Bonn 2007.

Deutscher Akademischer Austausch Dienst (DAAD)/Goethe-Institut (GI)/Institut für Deutsche Sprache (IDS) (Hrsg.): *Deutsch in den Wissenschaften. Beiträge zu Status und Perspektiven der Wissenschaftssprache Deutsch*. München: Klett-Langenscheidt 2013.

Konrad Ehlich: *Deutsch als Wissenschaftssprache für das 21. Jahrhundert*. In: Forschung. Politik – Strategie – Management, 2. Jg. (2008), S. 89–95.

J. J. Gumperz / S. C. Levinson (Hrsg.): *Rethinking Linguistic relativity. Studies in the Social and Cultural Foundations of Language*, Nr. 17. Cambridge: Cambridge University Press 1996.

Dorothee Heller: *Deutsch als Wissenschaftssprache*. In: Sandro Moraldo/ Marcelo Soffritti (Hrsg.): Deutsch aktuell. Tendenzen der deutschen Gegenwartssprache. Rom: Carocci 2004, S. 230–241.

John A. Lucy: *Language Diversity and Thought: A Reformulation of the Linguistic Hypothesis*. Cambridge: Cambridge University Press 1992.

Rat für Deutschsprachige Terminologie (RaDT) (Hrsg.): *Domänenverlust im Deutschen. Stirbt Deutsch als Fachsprache?* http://www.iim.fh-koeln.de/radt/Dokumente/RaDT-DomaenenpapierAktuell.pdf. [25.2.2014].

Bernd F. W. Springer: *Habe Mut, dich deiner eigenen Sprache zu bedienen!* In: Was mich wirklich interessiert. Festschrift für Jordi Jané, Barcelona Barcelona: Documenta Universitaria, 2012, S. 201–212.

Bernd F. W. Springer: *Die kulturelle Bedeutung der sprachlichen Kodierung von Emotionen*, in: Anita Pavić Pintarić, Zaneta Sambunjak, Tomislav Zelić (Hrsg.): Sprachliche Konstituierung der Identität durch Emotionalität, Tübingen: Narr Francke Attempto Verlag, 2016, S. 22–32.

GERHARD STICKEL: *Domain loss of a language and its short- and long-term consequences.* In: Marjeta Humar/Mojca Žagar Karer (Hrsg.): Nacionalni jeziki v visokem šolstvu/National Languages in Higher Education. Ljubljana: Založba ZRC, ZRC SAZU 2010, S. 13–22.

WINFRIED THIELMANN: *Zur Einzelsprachenspezifik wissenschaftlichen Sprachausbaus im gnoseologischen Funktionsbereich von Sprache.* In: Linguistik online, Nr. 52, 2 (2012), S. 53–68.

HARALD WEINRICH: *Wissenschaftssprache, Sprachkultur und die Einheit der Wissenschaft.* In: Heinz L. Kretzenbacher/Harald Weinrich (Hrsg.): Linguistik der Wissenschaftssprache. Berlin: New York: de Gruyter 1994, S. 155–174.

Ulf Boes

Man kann nicht nicht kommunizieren – aber falsch. Was Kompetenz bei Kommunikation bedeutet und wie man sie vermittelt

1. Einführung

Dem Panel und dem in diesem Kontext entwickelten Beitrag lag die Frage zugrunde „Wie kann Studierenden-Kommunikationskompetenz vermittelt werden?".

Da es in Deutschland 427 Hochschulen gibt,[1] an denen knapp 2,8 Millionen Studierende[2] in mindestens acht sehr unterschiedlichen Wissenschaftsbereichen[3] kommunizieren, gibt es nachvollziehbar nicht die eine Form der Kommunikationskompetenz und damit auch nicht die eine Antwort auf die genannte Frage.

Ziel von Panel und Beitrag war bzw. ist es daher, grundsätzliche Schnittstellen zu identifizieren und für diese Schnittstellen grundsätzliche Thesen für das Vermitteln von Studierenden-Kommunikationskompetenz zu benennen.

---

1 Vgl. Statistisches Bundesamt (a), Zugriff: 29.06.2016.
2 Vgl. Statistisches Bundesamt (b), Zugriff: 29.06.2016.
3 Vgl. Statistisches Bundesamt (c), Zugriff: 29.06.2016.

Für den Begriff „Kommunikationskompetenz" gilt folgendes Verständnis: Kommunikationskompetenz ist die Fähigkeit, definierte Ziele ausschließlich oder unterstützend in einem sinnvollen oder in einem möglichen Maße durch bewusste Kommunikation zu realisieren.

2. Modellansatz für Studierenden-Kommunikationskompetenz

Modelle, die Kommunikation grundsätzlich erläutern, gibt es absolut ausreichend. Um speziell Studierenden-Kommunikation darzustellen und daraus Kompetenznotwendigkeiten abzuleiten, wird auf das bekannte Feldmodel von Maletzke Bezug genommen, denn aufgrund seiner Struktur[4] lässt es sehr zielführende Analogien für die Forschungsfrage zu:

Den Rahmen für Studierenden-Kommunikation gibt verbindlich und dominant die *Hochschule* vor, mindestens bezogen auf die Auswahl der Inhalte und den damit verbundenen Zwang, dass Studierende diese Inhalte öffentlich und bewertet in Schrift und Bild (Klausuren, Hausarbeiten, Exposés etc.) sowie als Person (Präsentationen, Diskussionen etc.) kommunizieren müssen.

In diesem extern vorgegebenen Rahmen muss der *Studierende* kommunizieren. Ein wichtiger Kommunikationsfaktor ist dabei sein Selbstbild, mindestens bezogen auf seine fachliche und soziale Persönlichkeit und auf seine Interaktion mit den beiden primären Zielgruppen seiner Kommunikation: den *Lehrenden* und den *Mitstudierenden*.

Die Komplexität dieser „Kern"-Kommunikation einer Hochschule besteht dabei in der Wechselseitigkeit der jeweiligen Annahmen und Entsprechungen zwischen diesen drei Akteuren. Denn in der Realität ist die Kommunikation von Studierenden stark geprägt vom Selbstbild und diesem in Bezug zu den Fremdbildern, die sie von Lehrenden und Mitstudierenden haben und die unmittelbar in ihre Kommunikation einfließen: Diesen müssen bzw. wollen sie mindestens teilweise entsprechen, um die Kommunikationswirkung zu erhöhen. Und ebenso ist auch die Kommunikation von Lehrenden und Mitstudierenden geprägt vom jeweiligen Selbstbild und diesem in Bezug zum jeweiligen

---

4   Vgl. Maletzke 1963.

Fremdbild, das sie vom Studierenden haben und das ebenfalls unmittelbar in ihre Kommunikation einfließt, da auch Lehrende und Mitstudierende diesem mindestens teilweise entsprechen müssen bzw. wollen, um ebenfalls die Kommunikationswirkung zu erhöhen.

Diese wechselseitigen Abhängigkeiten von Selbst- und Fremdbildern bergen grundsätzlich das Risiko, dass sie die Aufnahme[5] und Verarbeitung von Kommunikationsinhalten vom „informativen Kern" entfernen – dies im wissenschaftlichen Kontext, in dem *gerade* die neutrale sachlogische Kommunikation relevant ist!

Um Studierenden in diesem grundsätzlichen Kontext dennoch wirksame Kommunikationskompetenz vermitteln zu können, müssen diese differenziert wahrgenommen werden: in ihrem Rollenverständnis als *„Privater Akteur"* und als *„Professioneller Akteur"*. Dass hier keine völlig eindeutige Trennung möglich ist, bedarf keiner weiteren Ausführungen, das ist eindeutig. Da Hochschulen aber Orte professioneller Ausbildungen sind, ist es ebenso eindeutig, dass sich das Vermitteln von Kommunikationskompetenz ausschließlich auf das Studierenden-Verständnis „Professioneller Akteur" beziehen sollte.

Die im Panel diskutierte bzw. entwickelte These für das Vermitteln von Studierenden-Kommunikationskompetenz für diesen Zusammenhang lautet daher:

> Als privater Akteur sollen Studierende ‚unantastbar' sein – für die Vermittlung von Kommunikationskompetenz sind ausschließlich von der Hochschule bzw. den Lehrenden definierte und auch kommunizierte Kriterien für die Studierendenkommunikation im Rollenverständnis „Professioneller Akteur" relevant.

3. Kommunikationskompetenz für die Hochschulpraxis

Die Frage, worauf sich die Kommunikationskompetenz dann exakt beziehen soll, löst sicher die kontroverseste Diskussion aus, denn die Antwort steht im direkten Bezug zu der Kernfrage: „Wofür bilden Hochschulen aus?". Die Diskussionspolarität zwischen „Hochschulpraxis" *und* bzw. *oder* bzw. *in einem*

---

5 Vgl. zum Kontext des Zuhörens auch Simon (2012), S. 108–116.

bestimmten Verhältnis zur „Berufspraxis" führt auch dieser Beitrag nicht zusammen. Er löst die Problematik daher pragmatisch und inhaltlich-logisch auf:

Pragmatisch ist der einschränkende Beitragsrahmen das klare Votum für die Fokussierung auf einen Punkt der Polarität. Da für Studierende hochschulbezogene Kommunikationskompetenz aktuell-relevante Kompetenz und berufspraxisbezogene Kommunikationskompetenz zukünftig-relevante Kompetenz ist,[6] erfolgt entsprechend der Chronologie einer Berufslaufbahn die Fokussierung auf die hochschulbezogene Kommunikation: Nur Studierende, die aktuelle Hochschulinhalte meistern, verfügen über die Voraussetzungen für die zukünftigen, in der Regel dann berufspraktischen Herausforderungen.[7] Die im Panel diskutierte bzw. entwickelte These für das Vermitteln von Studierenden-Kommunikationskompetenz für diesen Zusammenhang lautete daher:

> Studierenden muss Kommunikationskompetenz vermittelt werden, die umfassend (!) alle Hochschulinhalte in deren Darstellungsoptionen transportiert und im pragmatisch möglichen Maße spezifische Aspekte berufspraktischer Kommunikation berücksichtigt.

4. Wissenschaffende Kommunikationskompetenz

Auch wenn dieses völlig selbstverständlich erscheint – das primäre Ziel von Studierenden-Kommunikation muss konkret benannt bzw. nachdrücklich betont werden. Denn legitimiert durch die Prämisse, Studierende im professionellen Rollenverständnis zu sehen, „verrät" die abstrahierte Analogie zu professioneller Unternehmenskommunikation, dass Studierenden-Kommunikation in der Realität mindestens zwei Ziele verfolgt: Analog zum Unternehmensziel „Werbung", verstanden als „[...] absichtliche und zwangfreie Form der Kommunikation, mit der gezielt versucht wird, Einstellungen von Personen zu beeinflussen"[8], intendieren Studierende häufig eine subjektive Beeinflussung.

---

6 Vgl. zu allgemeinen Rahmenbedingungen beruflicher Kommunikation auch Nünning und Zierold (2011), insbesondere S. 150–166.
7 Vgl. zu Techniken der beruflichen Gesprächsführung auch Gehm (2006), S. 72–150.
8 Kloss (2007), S. 6.

Diese einstellungsbeeinflussende Kommunikation hat häufig keinen unmittelbaren Zusammenhang zu Hochschulinhalten, sie verfolgt vielmehr Ziele wie bspw. das „Flattering" von Lehrenden oder auch das bewusste Verweisen auf persönliche oder fachliche Geringschätzung von Lehrenden oder Mitstudierenden.

Dem steht das zweite Ziel, das der tatsächlichen Vermittlung von Wissen gegenüber, analog zum Unternehmensziel „Public Relations": „[…] Public Relations vermittelt Standpunkte und ermöglicht Orientierung, um […] Handlungsraum von Personen oder Organisationen […] zu schaffen und zu sichern."[9] Welches der beiden Ziele für Studierenden-Kommunikation in der Hochschulpraxis relevant ist, ist eindeutig; entsprechend lautete die im Panel diskutierte bzw. entwickelte These für das Vermitteln von Studierenden-Kommunikationskompetenz für diesen Zusammenhang:

> Studierenden muss Kommunikationskompetenz vermittelt werden, die einstellungsbeeinflussende Kommunikation als Tabu(!) wertet und ausschließlich(!) auf wissenschaffende Kommunikation abzielt.

5. Inhalte wissenschaffender Kommunikationskompetenz

Die elementare Voraussetzung, um wissenschaffende Inhalte erfolgreich zu kommunizieren, ist die Relevanz dieses Wissens. Diese Relevanz meint zum einen die grundsätzliche wissenschaftliche Relevanz, sie ist obligatorisch. Sie meint aber auch die spezifische wissenschaftliche Relevanz, die der immer weiter fortschreitenden Differenzierung aller wissenschaftlichen Bereiche entspricht:

Sie fordert von Studierenden eine *permanente anspruchsvolle intellektuelle* Auseinandersetzung mit bestehenden Inhalten und sie fordert von Studierenden vor allem für ihr eigenes forscherisches Schaffen Ergebnisse spezifischer wissenschaftlicher Relevanz.

Diese Relevanz erreichen Studierende durch das Stellen inhaltlich „richtiger" Forschungsfragen: Direkt abhängig vom gewählten Fragetypus, bspw.

---

9   O.V., (o.J.), Zugriff: 24.11.2011, 11.33 Uhr.

dem Typus „Erklärung: Warum hat sich Studierenden-Kommunikationskompetenz verändert?" oder „Gestaltung: Welche Maßnahmen können Studierenden-Kommunikationskompetenz verbessern?",[10] erforschen Studierende erheblich differierende Themenaspekte und kommunizieren als Konsequenz wissenschaftlich erheblich differierende Inhaltsrelevanzen. Für die Kommunikationskompetenz der inhaltlichen Relevanz durch die zielführende Fragestellung[11] ist *nahezu immer ein langwieriger und komplexer Forschungsprozess* die Voraussetzung. Die im Panel diskutierte bzw. entwickelte These für das Vermitteln von Studierenden-Kommunikationskompetenz lautete für diesen Zusammenhang daher:

> Studierenden muss Kommunikationskompetenz vermittelt werden, die den für relevante Forschungsergebnisse notwendigen Prozess der Fragestellung, verstanden als insistierendes und vollendendes intellektuelles und zeitliches Engagement, vorbehaltlos akzeptiert und realisiert.

6. Nachvollziehbarkeit wissenschaffender Kommunikationskompetenz

Für die Darstellung der wissenschaffenden Inhalte gilt ein nicht diskutierbares Postulat: die intersubjektive Nachvollziehbarkeit. Alle Ergebnisse müssen jederzeit, umfassend und vollständig personenunabhängig nachvollziehbar sein.

Dieses Postulat ist möglicherweise die größte Herausforderung für eine umfassende Kommunikationskompetenz von Studierenden: Denn sie zwingt zu einer jederzeitigen sachlogischen Argumentation[12] in dem Bewusstsein, dass diese Argumentation ebenso jederzeit vollständig oder auch partiell widerlegt werden kann – das ist Wissenschaft!

Davon ausgehend, dass Kommunikation das Medium von Gedanken und deren Strukturen ist, belegt vor allem mündliche Hochschulkommunikation, dass das Bewusstsein für jederzeitige sachlogische Argumentation zur inter-

---

10 Vgl. Karmasin und Ribing (2009), S. 23.
11 Vgl. zu einzelnen Fragetechniken auch Simon (2012), S. 102–107.
12 Vgl. einzelne Argumentationstechniken auch bei Simon (2012), insbesondere S. 236–240.

subjektiven Nachvollziehbarkeit häufig nicht ausreichend ausgeprägt bzw. die Umsetzung mindestens ungeübt ist. Das ist sicher auch begründet in der generellen Dominanz des Rollenverständnisses „Privater Akteur" und den deshalb dominant gewohnten subjektiv geprägten Aussagen wie bspw. „Ich glaube/ich finde …", „Meiner Meinung/meiner Erfahrung nach …". Aber in der Hochschulkommunikation verhindert gerade diese Aussagen intersubjektive Nachvollziehbarkeit und reduziert gegebenenfalls deutlich die Qualität von Diskussionen. Studierende müssen daher lernen, ausschließlich intersubjektiv nachvollziehbar zu kommunizieren, als verinnerlichten Automatismus nur Aussagen zu verwenden wie bspw. „Für diese Bewertung spricht, dass …" oder „Ein Argument für die Annahme ist …" oder „Da Untersuchungen gezeigt haben, dass …, kann man davon ausgehen, dass …". Für das Vermitteln dieser *elementaren* Studierenden-Kommunikationskompetenz diskutierte bzw. entwickelte das Panel daher die These:

> Studierenden muss Kommunikationskompetenz vermittelt werden, die für eine intersubjektive Nachvollziehbarkeit ausschließlich(!) sachlogisch kommuniziert und den insbesondere für diese Kompetenz notwendigen Prozess, verstanden als insistierendes und vollendendes intellektuelles und zeitliches Engagement, vorbehaltlos akzeptiert und realisiert.

7. Formale Kommunikationskompetenz

Die formale Studierenden-Kommunikationskompetenz soll verstanden werden als das „Design" für die inhaltliche Kommunikation: Dem akzeptierten Primat „form follows function" entsprechend, dient die Form der Kommunikation dazu, Inhalten durch ihre Art der Darbietung über die Sachlogik hinaus zusätzlich Involvement und Akzeptanz zu sichern.

Dazu muss formale Studierenden-Kommunikationskompetenz mindestens die Schwerpunkte *„Sprach- und Schriftform"* und *„Persönliche Form"* umfassen.

Der Schwerpunkt *„Sprach- und Schriftform"* eignet sich besonders zur Unterstützung der intersubjektiven Nachvollziehbarkeit. Diese Unterstützung gelingt Studierenden, indem sie ihre Sprach- und Schriftkommunikation ausschließlich auf Sachlogik unterstützende Elemente fokussieren, bspw. auf kurze, nicht-verschachtelte Sätze, präzise beschreibende Worte oder die Verwendung einheitlicher Begriffe und „Termini Technici".

Diese Fokussierung steht dabei direkt im Zusammenhang zu den benannten Defiziten der jederzeitigen intersubjektiv nachvollziehbaren Argumentation: Das Fehlen dieser Argumentation bedeutet das Fehlen einer inhaltlichen Basis – in einem solchen Falle ist ein „unterstützendes Design" nicht sinnvoll bzw. erzielt möglicherweise sogar eine falsche (in der Realität durchaus auch bewusst intendierte) Wirkung bei Rezipienten: die der wertigen Einschätzung von nicht oder wenig relevanten Inhalten.

Der Schwerpunkt „*Persönliche Form*" ist die darstellende Kommunikation. Sie kann bei einer erfolgreichen Umsetzung überproportional positive Auswirkungen auf Involvement und Akzeptanz erreichen. Dazu muss sie eine Brücke zur Schauspielausbildung schlagen, denn diese bringt die professionellsten *Darsteller* hervor. Und tatsächlich haben diese Darsteller ein Aufgabenverständnis, das sich mit dem Ziel von Studierenden-Kommunikationskompetenz deckt: „Nicht Verstellung ist die Aufgabe des Schauspielers, sondern Enthüllung"[13] – der Begriff „Enthüllung" ist dabei zu verstehen als Analogie zum „Schaffen von Wissen".

Damit wird deutlich, *wie anspruchsvoll* die Kompetenz der professionellen darstellenden Wissensvermittlung für Studierende ist: Sie müssen bewusst mindestens die Ausdrucksmittel „Kleidung", „Stimme", „Blick" sowie „Körpersprache" als Zusammenspiel von Gestik, Mimik[14] und Haltung einsetzen können.

Dabei ist bereits für das Ausdrucksmittel „Kleidung" (im Schauspielkontext das „Kostüm") keine nachvollziehbare Kommunikationskompetenz zu vermitteln: Ihr steht die Vielzahl akzeptierter Bekleidungsstile ebenso entgegen wie die sich stetig ändernden Konventionen (mit dem Tragen bzw. Nicht-Tragen von Krawatten als zeitgemäßem Beispiel) und die in der Realität häufige Kleidungsdominanz im Rollenverständnis „Privater Akteur".

---

13 Reinhardt (Februar 1928), Zugriff 30.06.2016, 07.37 Uhr.
14 Vgl. hierzu insbesondere Argyle (2013), S. 155–166.

Nachvollziehbarer lässt sich Kommunikationskompetenz für das Ausdrucksmittel „Blick"[15] vermitteln: Studierende müssen mindestens lernen, nicht einem der häufigen Fehlertypen zu entsprechen, bspw. dem „Schwammerlsucher" als permanent zu Boden Blickendem oder dem „Fernseher" als permanent zum Fernster Hinausschauendem etc.:[16] Mindestens der permanente Blickkontakt zum Auditorium muss für Studierende *absoluter Standard* sein.

Für das Ausdrucksmittel „Stimme" gibt es allgemein akzeptierte Empfindungen, bspw. bezogen auf einen eher positiv bewerteten Klang tiefer oder einen eher negativ bewerteten Klang sehr hoher Stimmen.

Eine in der Wirkung eindeutig nachvollziehbare Stimmen-Kommunikationskompetenz lässt sich jedoch nicht vermitteln. Zudem wird insbesondere das Ausdrucksmittel „Stimme" in der Regel extrem durch jahrelang als privater Akteur natürlich-intuitiv praktizierte Mechanismen dominiert, deshalb benötigt insbesondere die Stimme für notwendige Korrekturen bei einem professionellen Einsatz eine sehr intensive Vermittlung.

Diese Dominanz natürlich-intuitiver Mechanismen gilt auch für das Ausdrucksmittel „Körpersprache": Bereits für die einzelnen Ausdrucksmittel „Gestik", „Mimik" und „Haltung" gibt es kaum übereinstimmend akzeptierte Empfindungen; entsprechend fehlen sie auch für das *Zusammenspiel* dieser Elemente.

In der Summe wird deutlich, wie schwierig gerade die darstellende Kommunikation zu vermitteln ist, und dies, obwohl diese Kompetenz aufgrund ihres Wirkungspotenzials absolut bedeutsam ist. Für das Vermitteln dieser bedeutsamen Studierenden-Kommunikationskompetenz diskutierte bzw. entwickelte das Panel daher die These:

> Studierenden muss Kommunikationskompetenz vermittelt werden, die für die Form von Kommunikation deren elementares Wirkungspotenzial bewusst macht – gleichzeitig muss für dieses Wirkungspotenzial aber ebenso das Bewusstsein vermittelt werden, wie sehr dieses direkt von intuitiv und subjektiv

---

15 Vgl. zur Unterstützung des Ausdrucksmittels „Blick" Argyle (2013), insbesondere S. 194-196 und S. 201–212.
16 Vgl. Stickel-Wolf und Wolf (2006), S. 305.

praktizierten Verhaltensvorstellungen abhängt, sodass es als Konsequenz kaum möglich ist, eindeutige, professionell akzeptierte Formalia zu definieren.

Fazit

Für die Frage „Wie kann Studierenden-Kommunikationskompetenz vermittelt werden?" haben Panel und Beitrag die grundsätzlichen Schnittstellen identifiziert, die ein Minimalkonsens sind. Sie sind in der folgenden Grafik visualisiert und alphabetisch gekennzeichnet:

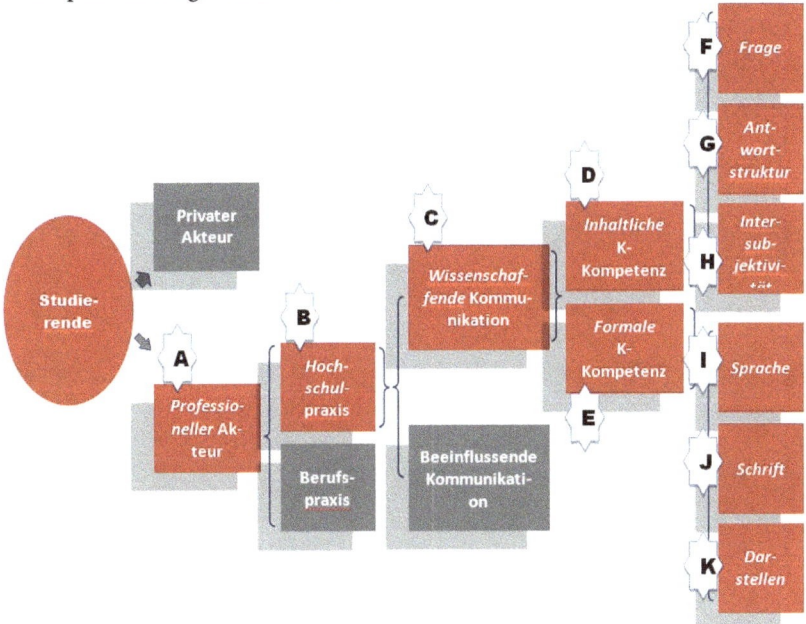

Abb. 1: Vermittlung Studierenden-Kommunikationskompetenz

Um konkret fachbezogene Studierenden-Kommunikationskompetenz zu vermitteln, müssen für alle Wissenschaftsbereiche, die in ihren Verständnissen und Anforderungen ja erheblich differieren (der Verweis auf die Polarität „Hochschulpraxis vs. Berufspraxis" soll genügen), die Punkte „A" bis „K" jeweilig mit spezifischen Inhalten benannt werden. Die Logik der vom Panel definierten Schnittstellen bietet einen sicheren roten Faden für eine umfassende Aufstellung, die damit eine relevante Grundlage für die Definition notwendiger spezifischer Kommunikationskompetenzen und die daraus abzuleitende Entwicklung von Vermittlungskonzepten ist.

Gleichzeitig müssen bereits erfolgreich entwickelte Konzepte bzw. Aktivitäten – beispielhaft ist das House of Competence (HoC) am Karlsruher Institut für Technologie (KIT) zu nennen – gesammelt und synergetisch abgeglichen werden.

Die Umsetzung dieser Schritte ist auch die notwendige Basis, um für die genannte Diskussion, worauf sich vermittelte Kommunikationskompetenz angesichts der Polarität von Hochschulpraxis und Berufspraxis *exakt* beziehen soll bzw. kann, eine *ausgewogene praktikable* Antwort zu finden.

Literaturverzeichnis

ARGYLE, MICHAEL (2013): *Nonverbaler Ausdruck und Sozial Interaktion,* Paderborn.

GEHM, THEO (2006): *Kommunikation im Beruf. Hintergründe, Hilfen, Strategien,* Weinheim, Basel.

KARMASIN, MATTHIAS UND RIBING, RAINER (2009): *Die Gestaltung wissenschaftlicher Arbeiten. Ein Leitfaden für Seminararbeiten, Bachelor-, Master- und Magisterarbeiten, Diplomarbeiten und Dissertationen,* Wien.

KLOSS, INGOMAR (2007): *Werbung. Handbuch für Studium und Praxis,* München.

MALETZKE, GERHARD (1963): *Psychologie der Massenkommunikation. Theorie und Systematik,* Hamburg.

NÜNNING, ANSGAR UND ZIEROLD, MARTIN (2011): *Kommunikationskompetenzen. Erfolgreich kommunizieren in Studium und Berufsleben,* Stuttgart.

O. V., (o. J.): *Public Relations,* in: http://www.dapr.de/index.php/public-relations, Zugriff: 24.11.2011.

REINHARDT, MAX (Februar 1928): *Rede über den Schauspieler,* zitiert nach http://www.zeit.de/1953/29/rede-ueber-den-schauspieler, Zugriff 30.06.2016.

SIMON, WALTER (2012): *GABALs großer Methodenkoffer. Grundlagen der Kommunikation,* Offenbach.

STATISTISCHES BUNDESAMT (a), zitiert nach http://de.statista.com/statistik/daten/studie/247238/umfrage/hochschulen-in-deutschland-nach-hochschulart/, Zugriff: 29.06.2016.

STATISTISCHES BUNDESAMT (b), zitiert nach http://de.statista.com/statistik/daten/studie/221/umfrage/anzahl-der-studenten-an-deutschen-hochschulen/, Zugriff: 29.06.2016.

STATISTISCHES BUNDESAMT (c), zitiert nach http://de.statista.com/statistik/daten/studie/3246/umfrage/anzahl-der-studenten-nach-faechergruppen/, Zugriff: 29.06.2016.

STICKEL-WOLF, CHRISTINE UND WOLF, JOACHIM (2006): *Wissenschaftliches Arbeiten und Lerntechniken. Erfolgreich studieren – gewusst wie!* Wiesbaden.

Gardenia Alonso / Johann Fischer

Mehr als nur Sprachunterricht! – Welche (weiteren) Schlüsselkompetenzen vermitteln wir im Fremdsprachenunterricht?

1. Ziele

Ziel dieses Panels war,
- die Besonderheiten des Fremdsprachenunterrichts an der Hochschule zu beschreiben und
- die Verknüpfung zwischen Sprachkompetenzvermittlung und Schlüsselkompetenzerwerb im Hochschulsprachunterricht zu erarbeiten.

Hierzu wurden von der Arbeitsgruppenleitung einzelne Aspekte als Input gegeben und die Fragen des Panels in den verschiedenen Arbeitsphasen in Gruppenarbeit bearbeitet und die Ergebnisse anschließend in der Gesamtgruppe zusammengetragen.

2. Spezifik des Fremdsprachenunterrichts an der Hochschule

Zunächst kann festgehalten werden, dass sich der Fremdsprachenunterricht an der Hochschule in einigen Punkten deutlich vom Sprachunterricht in schulischen oder anderen außerschulischen Kontexten, wie z. B. den Sprachkursen an der Volkshochschule, unterscheidet. Ziele des Sprachunterrichts an der Hochschule sind zunächst einmal die Vorbereitung auf ein Auslandsstudium, ein Auslandspraktikum, auf akademische Berufe in einem internationalen Kontext und auf das wissenschaftliche Arbeiten in der Fremdsprache. Daher liegt der Fokus auf der Vermittlung einer situationsadäquaten akademischen

Sprachkompetenz, bei der z. B. die Frage des Registers eine große Rolle spielt. Weiterhin sind – im Hinblick auf das wissenschaftliche oder unternehmerische Arbeiten in internationalen Kontexten – inhaltliche Aspekte von deutlich größerer Bedeutung. Dies zeigt sich z. B. an den Niveaustufenbeschreibungen von UNIcert®, wie exemplarisch folgende Beschreibung der Stufe II (etwa GER-Niveaustufe B2) zeigt:

> Er/Sie versteht den wesentlichen Inhalt allgemeinsprachlicher, berufs- und studienbezogener Texte mit allgemeinem und begrenztem themenbezogenem Vokabular, z.b. Reden und Vorträge sowie längere Texte mittlerer Schwierigkeitsstufe. Er/Sie kann sich schriftlich und mündlich zu einer Vielfalt kultureller und fachlicher Themen angemessen äußern und an entsprechenden Gesprächen aktiv teilnehmen, wobei er/sie auch zu einem gewissen Grad komplexe Satzstrukturen und fachspezifisches Vokabular benutzt.[1]

Deutlicher noch werden die spezifisch akademischen Zielsetzungen in Modulbeschreibungen der Hochschulen, wie folgendes Beispiel eines Moduls Italienisch Mittelstufe II (Niveau GER-Stufe B2 bzw. UNIcert® II) aus dem Modulkatalog der Zentralen Einrichtung für Sprachen und Schlüsselqualifikationen der Georg-August-Universität Göttingen zeigt:

> Erwerb von umfangreichen Fertigkeiten und Kompetenzen bis zum Niveau B2 des *Gemeinsamen europäischen Referenzrahmens für Sprachen*, mit Hilfe derer auch komplexere Sprachhandlungen in alltäglichen, beruflichen und wissenschaftlichen Situationen auf Italienisch vollzogen werden können, wie z. B.:
> - Fähigkeit, mühelos an allen Unterhaltungen mit allgemeinen und akademischen Inhalten teilzunehmen und dabei die Gesprächspartner problemlos zu verstehen sowie eigene Beiträge differenziert und situationsadäquat zu formulieren;
> - Fähigkeit, auch umfangreichere komplexe geschriebene Texte zu allen Themen zu verstehen und unter Anwendung spezifischer Sprachstrukturen und -konventionen selbst zu verfassen;

---

[1] Vgl. *Rahmenordnung UNIcert®* (2014: 13), abrufbar unter: http://www.unicert-online.org/de/dokumente/unicert%C2%AE-rahmenordnung (letzter Zugriff: 25.04.2017).

- Weiterentwicklung spezieller anwendungsbezogener Kenntnisse der grammatikalischen, phonetischen und lexikalischen Strukturen der italienischen Sprache;
- Ausbau des operativen landeskundlichen und interkulturellen Wissens über die italienischsprachigen Länder.[2]

Als Spezifika des Fremdsprachenunterrichts an der Hochschule wurden dabei von den Teilnehmenden am Panel folgende Aspekte gemeinsam erarbeitet: Anwesenheitspflicht – Gruppenzusammensetzung – Dauer – Progression – Credits – Prüfungen – Altersstruktur – Lernerfahrungen – Anforderungen an die Qualifikation der Lehrkräfte – Honorarsätze und Beschäftigungssituation – Motivation – Handlungs- bzw. Berufsorientierung – praktische Kontexte vs. „schöne Sprache" – Feedback/Umgang mit Fehlern – Register – Fokus der Fertigkeiten – interkulturelle Kompetenzen – Inhalte und Fachbezug.

3. Methodik und Didaktik: Handlungsorientierung in der Lehre

Diese Besonderheiten haben Auswirkungen auf die Vermittlungspraxis, d. h. die Methodik und Didaktik des Unterrichts (einschließlich der verwendeten Lehr-/Lernmaterialien) sowie auf den Prüfungsansatz und die Prüfungspraxis.

In Bezug auf die Methodik und Didaktik des Unterrichts spielen lernerzentrierte Ansätze eine wichtige Rolle. So bringen die Studierenden ihre eigenen „wissenschaftlichen" Arbeiten und Ergebnisse in den Unterricht ein, präsentieren diese bzw. tragen bei Projektarbeit mit entsprechendem „Expertenwissen" bei. Insbesondere bei der Frage nach sinnvollen Inhalten spielt dies eine zentrale Rolle. Dies bedingt auch eine stärkere Individualisierung des Lernprozesses, da unterschiedliche Kompetenzen und unterschiedliches Wissen zu einer Vielfalt unterschiedlicher Projektarbeiten und -ergebnisse führt. Lernplattformen, *Blended Learning*-Konzepte und autonomes Lernen können dabei diesen Ansatz unterstützen bzw. werden den individuellen Bedürfnis-

---

2 Vgl. *Amtliche Mitteilungen II der Georg-August-Universität Göttingen vom 07.03.2017/Nr. 4* (2017: 1744); abrufbar z. B. unter: http://www.uni-goettingen.de/de/modulkatalog-der-zess/476097.html (letzter Zugriff: 25.04.2017).

sen der Lernenden in stärkerem Maße gerecht.³ Für die konkrete Arbeit im Fremdsprachenunterricht bedeutet dies, dass handlungsorientierte Ansätze⁴ wie Projektarbeit⁵, globale Simulationen⁶ und Fallstudienarbeit⁷ dem Bedarf nach einer Individualisierung des Lernprozesses im Hochschulkontext und den unterschiedlichen Bedürfnissen, Interessen und Wünschen der Lernenden in besonderem Maße gerecht werden. Dabei sollte besonderer Wert auf die Authentizität des Lehr-/Lernmaterials, der Situationen und der Rollen gelegt werden – ein Desiderat, dem kommerzielle Lehrwerke nur in geringem Maße gerecht werden.

Der handlungsorientierte Ansatz stellt die einzelnen Lernenden ins Zentrum des Unterrichts bzw. des Lernens, d. h. ihre Interessen, Kenntnisse, Kompetenzen, sprachlichen Fertigkeiten, und fordert sie auf, eine (authentische) Aufgabe zu bewältigen, wobei sie ihre individuellen Kompetenzen, sprachlichen Fertigkeiten und auch ihr Wissen einsetzen können.⁸ Die Unterrichtsergebnisse variieren dadurch deutlich stärker als bei eine identischen Aufgabenstellung für alle Studierenden(gruppen), was sich schematisch wie folgt darstellen lässt:

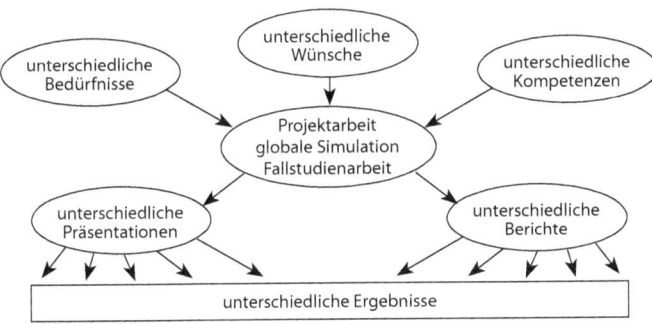

Abb. 1: Handlungsorientierter Ansatz

---

3 Zu Erfahrungen mit Lernplattform basierten internationalen E-Learning-Projekten siehe Alonso (2009), S. 156 ff.
4 Vgl. Fischer et al. (2009).
5 Vgl. Ribé / Vidal (1993); Schart (2003).
6 Vgl. Caré / Debyser (1995); Debyser (1996); Fischer et al. (2008: 12-28); Yaiche (1996).
7 Vgl. Fischer / Casey (2005); Fischer et al (2008: 19-25); Kaiser (1983); Kiefer (2004).
8 Vgl. hierzu auch Alonso (2009), S. 115 f.

4. Handlungsorientierung beim Prüfen und Testen

Aufgrund der Tatsache, dass handlungsorientierte Lehr-/Lernkonzepte verwendet werden, gilt es, die Prüfungspraxis zu überdenken und handlungsorientierte Prüfungsansätze anzuwenden,[9] die sich von üblichen Performanzprüfungen unterscheiden, wie Wigglesworth (2008) im Folgenden ausführt:

> However, Brown, Hudson, Norris and Bonk (2002) define task-based language testing as a subset of performance based language testing, clearly distinguishing between performance based testings, in which tasks are merely vehicles for eliciting language samples for rating, and task-based performance assessments in which tasks are used to elicit language to reflect the kind of real world activities learners will be expected to perform, and in which the focus is on interpreting the learners' abilities to use language to perform such tasks in the real world.[10]

Da inhaltliche Aspekte in der Lehre eine stärkere Rolle spielen, müssen zur Bewertung der produktiven Fertigkeiten logischerweise nicht nur rein sprachliche Aspekte überprüft werden. Auch zahlreiche weitere Kompetenzen spielen im Lehr-/Lernprozess eine wichtige Rolle, nämlich Methodenkompetenzen (z. B. Kompetenzen in Projektmanagement, Mediennutzung, Problemlösestrategien und wissenschaftliches Arbeiten), kommunikative Kompetenzen (Präsentationstechniken, Diskussionsfähigkeit, Verhandlungsfähigkeit), Selbstkompetenzen (Zeitmanagement, Reflexionskompetenz – wie z. B. Selbst- und Fremdeinschätzung – und Kreativitätstechniken) sowie Sozialkompetenzen (Kompromissfähigkeit, Teamfähigkeit z. B. durch Gruppenarbeit, interkulturelle Kompetenzen) etc.[11] Diese müssen daher in der Prüfungspraxis entsprechend beachtet werden. Darauf weist auch Wigglesworth in ihrem Artikel von 2008 hin:

> For test candidates, this trend toward task and performance based assessment means that they are evaluated on a much greater range of language skills than those traditionally measured by the more discrete, paper and pencilbased tests.

---

9 Vgl. Fischer et al. (2011).
10 Wigglesworth (2008: 111–122).
11 Zu Erfahrungen bei der integrativen Vermittlung von Schlüsselkompetenzen im Fremdsprachenunterricht an der Hochschule siehe auch Alonso (2009), S. 191ff.

[...] The more communicative approaches to language learning and teaching have been necessitated by the need to assess language in use, rather than language as object.[12]

Aufgabenstellung und Schwerpunktsetzung bedingen dabei die Bewertungskriterien, die vorab festgelegt werden müssen und nicht fehlerorientiert definiert sein dürfen. Bei der Entwicklung von Bewertungsrastern für die produktiven Fertigkeiten hat sich die Dreiteilung in die Bereiche *Inhalt, Funktionalität* (bzw. *pragmatische Kompetenz*) und *sprachliche Kompetenz* bewährt, wobei im Bereich der sprachlichen Kompetenz neben der Korrektheit von Grammatik und Wortschatz auch die Variabilität der sprachlichen Mittel sowie Register und Stil in ausreichendem Maße berücksichtigt werden müssen. Zahlreiche Hochschulsprachenzentren haben in den vergangenen Jahren in internen Teamarbeitsphasen und durch hochschulübergreifende Netzwerkarbeit (wie z. B. auf UNIcert®-Workshops) jeweils eigene Bewertungsraster entwickelt und dabei auf die entsprechenden Hilfsmittel des Europarates zurückgegriffen, d. h. neben dem GER[13], das sogenannte „Manual for Relating Language Examinations to the CEFR"[14] und ergänzende Materialien des Europarates.[15]

5. Authentizität

Einen besonders hohen Grad an Authentizität kann durch lebensnahe Projekte im Fremdsprachenunterricht erzielt werden, wie z. B. dem Abfassen eines Business Plans für ein fiktives Unternehmen im Zielsprachenland, der anschließend mit Fachleuten im Zielsprachenland besprochen und verteidigt wird, was die Motivation der Lernenden deutlich erhöht und sie zu einer noch intensiveren Beschäftigung mit der Fremdsprache ermutigt. Auch *Service Learning*-Projekte wie das neue interdisziplinäre Projekt „Integrationstandems und Supervised Networking"[16] an der Georg-August-Universität Göttingen können unterstüt-

---

12 Wigglesworth, G. (2008: 111–122).
13 Europarat (2001).
14 Council of Europe (2009).; abrufbar unter: http://www.coe.int/t/dg4/linguistic/Manuel1_EN.asp#Manual (letzter Zugriff: 24.04.2017).
15 Vgl.: http://www.coe.int/t/dg4/linguistic/Manuel1_EN.asp#Manual (letzter Zugriff: 24.04.2017).
16 Vgl. hierzu: Boos et al. 2016 bzw. die Projekthomepage unter http://www.uni-goettingen.de/de/de/551743.html (letzter Zugriff: 25.04.2017).

zend wirken, da hier die Arbeit mit und für Geflüchtete zur praktischen Anwendung von im Sprachunterricht erworbenen Arabischkenntnissen (oder anderer Fremdsprachen) einlädt bzw. diese erfordert.

6. Bestandsaufnahme zur eigenen Lehr- und Prüfungspraxis

Das Panel hat sich anschließend mit folgenden Fragen befasst und hierzu untenstehende Ergebnisse erarbeitet:
- *Was vermitteln wir im Fremdsprachenunterricht?*
– Vermittelt werden
  - die kommunikative Kompetenz,
  - (sprachliche) Inhalte mit Bezug zum Studium bzw. zum späteren Beruf (Stichwort „Berufsvorbereitung"), d. h. eine grundlegende Sprachverwendung, die studienspezifisch bzw. -bezogen ist,
  - Interkulturalität und Landeskunde.
– Darüber hinaus bieten wir eine Anleitung zum Selbstlernen.
– Im Unterricht ist eine Verknüpfung von Vorwissen und eine Vernetzung der Kenntnisse erforderlich.
- *Wie vermitteln wir es im Fremdsprachenunterricht?*
– Was das „Wie" anbelangt, so zeichnet sich der Fremdsprachenunterricht an der Hochschule durch einen Methodenmix bzw. eine Vielfalt der Methode(n) aus. Die Lehrenden sind gefordert, ihre Lehrmethoden, die Lernmethoden und die Materialien entsprechend den Interessen, Vorkenntnissen und Kompetenzen der Lernenden zu variieren.
– Dabei fließen die Erfahrungen, die Biografie und die Authentizität der Lehrkraft ein.
– Der Unterricht soll Spaß machen und die Studierenden begeistern, damit sie Freude am Lernen haben, Neugier entwickeln und neue Sprachen erlernen wollen.
– Auch bereits erlernte Sprachen der Studierenden haben einen Einfluss auf die Gestaltung des Unterrichts. So ermöglichen diese Vorkenntnisse bzw. die vorhandene Sprachlernkompetenz z. B. eine schnellere Progression in der Lehre.

– Vielfach ist der Unterricht weniger durch ein Vermitteln als durch Aufgabenstellungen an die Studierenden geprägt, die (offene) Recherchearbeiten erledigen müssen und sich die Kompetenzen durch Suchen, Sammeln, Be- bzw. Überarbeiten und Vergleichen selbst aneignen müssen.
– Bemängelt wurde von den Teilnehmenden des Panels, dass grundsätzlich zu wenige Semesterwochenstunden für den Fremdsprachenunterricht an der Hochschule zur Verfügung stehen.

- *Warum tun wir das (auf diese Art und Weise)?*

Hier haben die Teilnehmenden am Panel nach Studienorganisation und persönlichen Motiven der Studierenden unterschieden: Grundsätzlich sind Fremdsprachenkurse Teil des Studiums und sollen auf einen Studienaufenthalt oder ein Praktikum im Ausland bzw. einen akademischen Beruf vorbereiten. Die Fremdsprachenkurse leisten einen Beitrag zur Internationalisierung der Hochschulen im Allgemeinen bzw. zur Internationalisierung der Studierenden und im Besonderen zur Mobilität, vor allem in Europa. Die Studierenden versprechen sich von der Fremdsprachenausbildung zwar einerseits ebenfalls bessere Berufschancen und eine adäquate Vorbereitung auf Kommunikationssituationen in der Fremdsprache im späteren Beruf bzw. eine sprachliche Vorbereitung auf den Auslandsaufenthalt, andererseits spielen häufig auch rein persönliche Interessen eine wichtige Rolle, was nicht vernachlässigt werden darf.

- *Womit arbeiten wir?*

Neben dem Lehrwerk (insbesondere auf den niedrigen Niveaustufen) spielt das Internet eine wichtige Quelle für Unterrichtsmaterial. Gerade YouTube-Kanäle sind sehr hilfreich für die Unterrichtsvorbereitung. Großer Wert wird auf die Authentizität der verschiedenen Medien gelegt. Dabei wird nicht nur auf authentische Materialien aus der Presse und dem Internet zurückgegriffen, sondern auch auf Materialien von Professorinnen und Professoren aus den verschiedenen Fachbereichen, von Partnerhochschulen und Unternehmen, aber auch von den Studierenden selbst.

7. Ausblick: Entwicklungsbedarf und -perspektiven

Abschließend befasste sich das Panel mit der Frage, wie die Zukunft für den Fremdsprachenunterricht an der Hochschule aussehen könnte. Dabei gilt es, für die Hochschulen und uns Lehrende folgende Herausforderungen zu beachten:
- Die Studierenden sind sehr heterogen – und zwar in Bezug auf ihr Vorwissen und ihr Alter.
- Es ist mit einem Rückgang der Studierendenzahlen zu rechnen.
- Andererseits ist eine zunehmende Spezialisierung erkennbar.
- Schließlich steht der Fremdsprachenunterricht in einem Qualitätsdilemma zwischen Anspruch und Machbarkeit.

Daher sind nach Meinung der Teilnehmenden am Panel für die Zukunft folgende Punkte von Bedeutung:
- *Flexibilität der Curricula:*
  In Abhängigkeit von den Bedürfnissen, aber auch von vorhandenen Kompetenzen und Wissen der Lernenden müssen die Inhalte einer Lehrveranstaltung flexibel gestaltet und passgenau überarbeitet werden. Ein Festhalten an starren Lernzielen kann hier kontraproduktiv sein und entspricht ggf. nicht einem handlungsorientierten Ansatz. Ein Ausweg kann eine flexible Formulierung der Lernziele und -module sein.
- *Flexibilität der Angebote:*
  Auch im Hinblick auf die Organisation, wie z. B. bei der Frage der Anwesenheit, ist eine gewisse Flexibilität geboten, die derzeit teilweise aufgrund der Vorgaben von Ordnungen nicht gegeben ist.
- *Wandelbarkeit:*
  Unterrichtskonzept und -inhalte müssen den sich verändernden Umständen anpassen können, so dass nicht ein Festhalten an Erreichtem weiterhilft, sondern die Fähigkeit, sich neuen Umständen immer wieder neu anzupassen.
- *Veränderungskompetenz:*
  Für die Lehrkräfte bedeutet dies eine Kompetenz zur (ständigen) Veränderung, eine Offenheit für Neues und ein hohes Maß an Flexibilität. Dies setzt zum einen eine hohe Selbstreflexionsfähigkeit voraus, zum anderen aber auch Frustrationstoleranz und die Kompetenz zur Selbstmotivation.